站在巨人的肩上
Standing on the Shoulders of Giants

邦 尼 教 你 学 销 售

用ChatGPT提升销售业绩

孙慧 孙晴伟 孙锦辰 著

人民邮电出版社
北京

图书在版编目（CIP）数据

用ChatGPT提升销售业绩 / 孙慧，孙晴伟，孙锦辰著
. -- 北京 : 人民邮电出版社，2024.4
（邦尼教你学销售）
ISBN 978-7-115-64064-2

Ⅰ. ①用… Ⅱ. ①孙… ②孙… ③孙… Ⅲ. ①人工智能—应用—销售方式 Ⅳ. ①F713.3-39

中国国家版本馆CIP数据核字(2024)第063383号

内 容 提 要

ChatGPT 面世以来，千行百业正在被重塑，销售行业也不例外。无论是企业端，还是员工端，都可以借助 ChatGPT 大幅提升经营效率或工作效率。

本书围绕企业及销售人员在新时代面临的销售挑战，结合 ChatGPT 的能力，分别讲解了向 ChatGPT 提问的技巧、在销售的不同环节如何运用 ChatGPT 高效工作，包括从销售的前期准备到与客户的真实沟通，再到处理客户异议和维护客户关系；同时，本书还介绍了如何使用 ChatGPT 进行销售情景预演、如何利用 ChatGPT 构建品牌故事，细致讲解了 ChatGPT 在产品卖点挖掘、优化和创新销售策略等方面的实际应用。

对于渴望在 AI 时代打破销售困局、提升自身销售能力的企业和个人来说，本书是不可或缺的宝典。

◆ 著　　　　孙　慧　孙晴伟　孙锦辰
责任编辑　王振杰
责任印制　胡　南

◆ 人民邮电出版社出版发行　　北京市丰台区成寿寺路11号
邮编　100164　　电子邮件　315@ptpress.com.cn
网址　https://www.ptpress.com.cn
北京天宇星印刷厂印刷

◆ 开本：720×960　1/16
印张：14.25　　　　2024年4月第1版
字数：202千字　　　2024年4月北京第1次印刷

定价：59.80元

读者服务热线：(010)84084456-6009　印装质量热线：(010)81055316
反盗版热线：(010)81055315
广告经营许可证：京东市监广登字 20170147 号

前　言

为什么要读本书

无论你是销售新手还是经验丰富的销售专家，当面对各种复杂和多变的销售挑战时，你是否希望有一位专家顾问能为你提供即时、实用的专业建议？

本书就是为了满足这样的需求而编写的。它系统地介绍了针对常见销售场景的全套销售流程，并且提供了一系列实用的工具和模板。你将发现，本书不仅涵盖销售的基础知识，还会引导你遵循实战中的规范和最佳实践。更重要的是，它展示了如何借助 ChatGPT 这一大语言模型来优化你的销售流程。通过本书，你将学习如何有效地利用ChatGPT 作为你的“私人销售教练”，解决你在销售中遇到的各种问题。

本书将和 ChatGPT 一起成为你销售生涯中不可或缺的多功能工具。无论你是从事 2B 销售还是 2C 销售，本书都能为你提供具体实用的建议和解决方案。所以，为什么要读这本书？答案很简单：它能帮助你在销售领域取得更大的成功。

阅读本书你将有何收获

深入理解销售行业面临的挑战：无论是销售新手还是资深专家或企业管理者，都将从本书中了解到当前销售行业中普遍存在的问题和挑战。

全面掌握 ChatGPT 在销售中的应用：本书将深入探讨如何借助 ChatGPT 优化销售流程。内容涵盖与客户的初次互动和需求挖掘、产品或服务的精准介绍、处理客户异议以及跟进与维护客户关系的方法。

提高销售效率和业绩：本书将提供一系列实用的策略和方法，促进个人销售业绩和团队绩效的提升。

优化客户关系管理：学会销售策略并懂得利用 ChatGPT 可以帮助你更精准地了解客户需求，更有效地维护客户关系，从而提高客户满意度和忠诚度。

掌握有效的个人品牌建设方法：本书将指导你如何利用 ChatGPT 来建立和推广个人品牌。

获得实操经验、学会情景预演：本书将提供丰富的实战案例，教你如何进行销售情景预演，帮助你将理论知识应用到实践中。

获得跨行业应用的灵感和洞见：虽然本书的重点是销售行业，但其中的很多观点和策略也适用于其他领域，为你提供更多的可能性和商机。

提升综合竞争力：无论你是企业决策者、销售人员，还是对人工智能（AI）感兴趣的个人，本书都能帮助你在不断变化和竞争激烈的市场环境中保持领先优势。

本书特点

视角多维：本书不仅从技术的角度深入探讨了 ChatGPT 在销售中的应用，还从商业、心理和策略等多个维度提供了全面的阐述，助你系统地理解销售领域内 ChatGPT 功能的多面性。

案例丰富：为了让你直观地了解 ChatGPT 在销售领域中的实际应用，本书几乎每一章都呈现了来自不同行业、不同场景的具体且真实的案例分析。这些案例不仅详尽地分析了销售问题和解决方案，还展示了解决问题的过程中可能遇到的挑战和应对它们的方法。

建议切实可行：除了提供扎实的理论基础，本书还强调了实用性。它将提供一系列具体、可行的操作建议和步骤，旨在帮助你将理论知识有效地应用到实践中，从而获得更好的销售结果。

易于理解：本书风格轻松，语言通俗易懂。一些专业术语和概念配有详细的解释和例子，确保你能轻松理解和掌握。

工具和模板实用、沟通话术翔实：本书不仅提供理论讲解和案例分析，还将深入销售实战层面，为你提供实用的工具和模板。例如，你将看到为不同销售场景定制的销售脚本。它们基于实际案例，目的是让你在与客户互动时能够更加自信和高效。除此之外，本书还涵盖了具体的沟通话术，教你如何在与客户沟通的各个环节更精准、更有效地表达。

本书读者对象

销售人员：无论你是刚刚踏入销售领域的新手还是拥有多年经验的销售专家，都能从书中获得实用的信息和实战技巧，它们将助你提升销售效率和销售效果。

企业管理者：如果你是公司创始人、销售管理者、市场营销总监或区域销售经理，本书能帮助你以较低的成本或投入获取有效的销售策略和方法，进而提升整体销售业绩。对于那些寻求优化销售流程、提高团队绩效，或在预算及其他资源有限的条件下想要实现高绩效的企业管理者来说，本书具有十分重要的实用价值。

销售培训师和企业内训师：如果你是专业的销售培训师或企业内训师，你可以通过本书获得更有针对性和实战性的销售培训方法，从而提供更高质量的培训内容。

个体经营者：对于希望通过提升内容品质、打造个人品牌来增加商业价值的个体经营者，本书同样不容错过。

综上所述，本书将深度探讨 ChatGPT 是如何在销售领域中广泛应用的，同时还为你提供一系列可立即执行的有效策略和技巧。衷心希望本书能成为一份 AI 时代的销售实战指南，为你提供一系列有价值的洞见和实用技巧，助你和你的团队全面提升销售业绩。

目　录

第 1 章

销售人员面临的挑战与企业培训难题

销售，是每个企业的心脏。随着时代的不断前进，销售领域也面临着新的挑战和变革。现代企业和销售人员需要在瞬息万变的市场中不断适应和创新。如今，AI 工具的崛起，比如 ChatGPT 这样的工具，为我们带来了前所未有的支持和可能性。

本章将深入探讨各类企业和销售人员所面临的问题，并展望未来。只有深刻了解和认识这些挑战，我们才能找到有效的应对策略，并借助最新的科技工具来解决这些问题。每一个挑战都蕴含着一个潜在的机会。因此，我诚挚地邀请你与我一同探索，一起发现新的可能性，找到一盏新的指引之灯，让它助力我们取得更加卓越的成就。

1.1 销售困境：销售新手、长期从业的销售人员与专家级销售人员面临的不同挑战

销售，被誉为企业的生命线，而这一职业充满了无数挑战和困难。它的复杂性和挑战性往往超出人们的想象。销售工作的重要性，不因公司规模或行业地位而异，它始终是企业收入的核心来源。然而，随着市场环境的快速变化和消费者需求的复杂化，销售人员面对的压力和挑战也日益增加。

在销售领域，销售人员面临着多种挑战，这些挑战可以根据他们的经验和专业技能水平大致划分为以下 3 类。

1.1.1 新入行的销售新手面临的挑战

任何缺乏经验的销售新手都面临着一系列挑战。这些挑战可概括为以下 7 个方面。

1. 产品知识匮乏、对行业理解不足

在销售职业生涯伊始，新入行的销售人员通常首先面临的是产品知识的

匮乏和对行业理解的不足。他们需要在短时间内快速吸收并掌握大量的产品知识，理解产品的优点和缺点，并了解产品在市场中的位置。除此之外，理解行业的发展趋势及竞争对手的战略也至关重要。这对他们的学习能力和吸收能力提出了很高的要求。

2. 面临对自我能力的挑战

对于新入行的销售人员来说，他们既要面临来自工作压力的挑战，也要面临不断提升自我能力的挑战。

他们需要不断地评估和提升自己的销售技能，包括丰富产品知识、提高沟通能力、增强处理问题的能力等。他们需要清楚自己的强项和弱点，通过学习和实践来弥补自己的不足。

3. 须适应紧张的工作节奏

销售行业的特点之一就是工作节奏快，新入行的销售人员需要迅速适应这种紧张的工作节奏。他们需要能够在压力下处理多个任务，同时还需维护工作和生活之间的平衡。这对他们的时间管理能力和抗压能力都提出了很高的要求。

4. 与客户交流时面临困难

新入行的销售人员在与客户交流时，也常常会面临挑战。他们会在解答客户问题、提供产品建议，或处理客户投诉等环节中感到困惑和恐慌。他们需要不断地学习和实践，来提高自己的沟通能力和处理问题的能力。

5. 面临拓展市场和建立客户关系的压力

新入行的销售人员也会面临拓展市场和建立客户关系的压力。他们需要能够找到潜在客户，建立并维护与客户的良好关系。同时，他们还需要在与竞争对手的竞争中，找到并发挥自己的竞争优势，从而在市场中脱颖而出。

6. 面对客户的拒绝产生挫败感

在销售行业中，面对客户的拒绝和回绝是一种常态。对于新入行的销售人员来说，他们因为缺乏经验和技巧，会在销售初期频繁地遭到客户的拒绝。这种情况会导致他们产生挫败感，甚至使其对销售工作产生怀疑。

7. 缺乏自信心

对于销售人员来说，自信是一种重要的素质。然而，新入行的销售人员在初始阶段可能因为各种原因而缺乏自信，比如业绩未能达标、对产品理解不足、担心他人对自己的评价、对所拜访的客户行业认知有限等。

1.1.2 长期从业的销售人员面临的挑战

在销售领域，长期从业的销售人员也面临着多重挑战，其中主要包括 4 个方面，分别是打破固化思维模式、管理客户关系、应对市场变化和达成销售目标。

1. 打破固化思维模式

在销售行业中，拥有多年工作经验并不意味着拥有所有必要的知识和技能。事实上，那些工作多年的销售人员已经习惯于自己的销售方法，以至于陷入了一种固定的思维模式。他们认为自己的方式已经足够有效，而对新的市场变化缺乏足够的敏感度和应对能力，这样的固化思维模式会对他们的销售业绩产生负面影响。

2. 管理客户关系

长期从业的销售人员通常需要处理大量的客户关系。如何保持良好的客户关系、满足客户的需求、解决客户的问题、有效地管理客户关系，都是他们面临的挑战。销售人员需要具备优秀的人际交往能力、解决问题的能力，以及出色的谈判技巧，才能成功地管理客户关系。

3. 应对市场变化

市场环境永远在变，新的竞争对手、新的产品、新的市场趋势和消费者需求，都给销售工作带来了挑战。如何敏锐地捕捉市场信息，灵活调整销售策略以应对这些变化是长期从事销售工作的人士面临的问题。

4. 达成销售目标

无论是销售新手还是长期从业的销售人员，达成销售目标都是他们面临的一大挑战。有经验的销售人员不仅需要实现自己的销售目标，还需要帮助团队达成共同目标，这就需要他们具备卓越的销售技巧和团队协作能力。

1.1.3 专家级销售人员面临的挑战

专家级销售人员，指的是在某一行业或某种产品方面具有深厚专业知识的销售人员，他们能够提供细致入微的专业咨询服务，为客户提供更高质量的产品、服务或解决方案。然而，即使在某领域达到专家水平，也不意味着他们在销售领域同样具备深厚经验。相反，他们在销售工作中也会面临一系列挑战和问题。

1. 平衡专业知识探究与市场开拓

专家级销售人员往往倾向于投入大量时间进行产品研究或深入学习某类知识，因为他们对专业知识有着极度的热爱和追求。他们希望通过深入学习，让自己的专业知识更加深厚，从而更好地服务客户或在自身的职业生涯中取得成就。然而，他们可能会认为一些基本的销售任务，例如市场开拓、与非专业人士沟通等，会浪费他们的宝贵时间和精力，而这些时间和精力更应该用于学习和研究工作。当然，他们也明白，他们不能只关注学习和研究而忽视开拓市场的重要性，这种心理会导致他们的内心产生冲突。因此，如何在探究专业知识和开拓市场之间找到平衡，是他们需要解决的一个重要问题。

2. 新市场开发困难

即使是专家级销售人员，在寻找新客户或开发新市场方面也常常遇到困难，其原因包括市场开拓技能不足、对主动拓展市场有所顾忌、过度专注现有客户等。他们害怕自己的专业地位会因为主动接触客户而降低；他们更希望自己的专业知识和专业能力能够吸引客户主动寻找他们。在这种情况下，专家级销售人员需要重新定位自己的工作，寻找开拓市场的创新方式。

3. 缺乏有效沟通

由于专家级销售人员具有深厚的专业知识，他们在与客户沟通时可能会遇到困难。在与客户交流时，他们可能会不自觉地使用一些高深或复杂的概念或专业词汇，这些概念或词汇对于部分客户来说可能难以理解。因此，他们需要学会用简单明了的语言，将复杂的专业知识和产品特性解释给客户，以便客户能够更好地理解和接受他们提供的产品或服务。

4. 压力过大和怀疑自我

专家级销售人员在应对压力、管理焦虑、对抗自我怀疑、处理完美主义倾向等问题上，可能会面临一些困扰。由于对专业知识的不懈追求和完美主义倾向，他们可能面临过度的工作压力。此外，他们可能会对自己的能力产生怀疑，特别是在面对未达到销售目标或新市场开发困难等情况时。因此，他们需要找到有效的方式来应对这些问题，以保持良好的工作状态和工作效率。

5. 自我优越感过强

由于专家级销售人员具备深厚的专业知识和技能，因此他们更倾向于与拥有相似专业程度的人展开深层次的交流。同时，他们可能会对那些专业水平不如他们或收入较低的潜在客户产生一种下意识的抗拒感。这种心态会让他们错过一些潜在的销售机会，因为即使客户专业水平较低，仍然可能是潜在的销售对象。因此，他们需要学会调整自己的心态，对接触到的每一个人都持开放和尊重的态度。这不仅是对他人的尊重，也会对自己的业绩产生积极的影响。

6. 平衡人情味与专业性

专家级销售人员需要学会在保持专业性的同时，注入更多的情感元素，使销售过程更加人性化，更能够引起客户的共鸣。**这是因为销售不仅仅是一个简单的交易过程，更是一个建立和维护人际关系的过程**。如果过于专注专业性而忽视了人情味，那么他们可能会失去与客户建立深度关系的机会。

1.2 培训困境：培训成本高昂、学习效果不同与销售人才流失

企业在培训销售团队时往往会面临多种挑战和困境，以下是对这些挑战和困境的小结和探讨。

1. 培训成本高昂

无论是邀请销售大师进行现场授课，还是组织内部专家进行培训，一次有效的培训都需要投入大量的时间、人力和财力。不仅如此，培训期间，销售人员难以正常工作，这也是一种隐性成本。

2. 学习效果不同

由于个体的学习能力、学习习惯和学习速度不同，即使投入了大量资源，也无法保证每个销售人员都能从培训中得到同样的收获，达到同样的学习效果。

3. 销售人才流失

如今，在竞争激烈的市场环境中，优秀的销售人才总是非常抢手。他们容易成为其他公司挖角的目标，这给企业的销售培训工作带来了极大的不稳定

性。一旦经过长期培训的销售人才突然离职，企业不仅会失去熟悉公司产品、了解公司业务的销售人才，还会损失之前对培训所做的一切投入。

面对这些问题，企业需要寻找一种更为有效、更节省成本的方法来提升销售团队的能力。

如今，AI 技术的发展为这个问题提供了全新的解决方案，例如，由 OpenAI 开发的 ChatGPT 作为先进的人工智能聊天模型，可以为销售人员提供实时的建议和支持，帮助他们更好地解决各种销售问题、应对各种挑战。

ChatGPT 的优势在于，不同于传统的培训方式，它能够提供高度个性化的建议和支持，根据每个销售人员的具体情况和需求给予有针对性的帮助，这是传统培训无法比拟的优势。

ChatGPT 的 24 小时在线特性为销售人员提供了极大的灵活性和便利性。无论是在工作时间内还是下班后，无论身处何地，销售人员都可以随时向 ChatGPT 寻求帮助。这种实时响应的能力可以帮助销售人员在关键时刻得到及时的支持和指导，提高他们在客户互动中的应变能力和反应速度。

综上所述，ChatGPT 具备为销售人员提供高度个性化帮助的能力。无论是销售新手、长期从业的销售人员还是专家级销售人员，都可以从中获益。通过 ChatGPT 智能化的辅助，企业可以更有效地培养销售人才，提升销售团队的整体业绩，并在市场中保持竞争优势。

科技的发展不仅带来了新的挑战，也为我们开辟了新的可能性，帮助我们在销售之路上更有信心、更有准备。接下来的第 2 章将探讨 ChatGPT 如何助力销售人员提升业绩，应对上述的各种挑战。让我们一起开启这个寻求解决方案的旅程，共同探寻提升销售业绩之路吧。

第 2 章

ChatGPT 为破解销售困境提供新机遇

在销售工作中，每一个细节、每一次交流、每一个决策，犹如棋局中的每一步，一次失误可能会让我们错过宝贵的机会或失去有潜力的客户。

为了在激烈的竞争中取得胜利，我们持续探索新策略、新方法和新工具，以提升工作效率、加强与客户的联结，并提高成功销售的概率。在这种背景下，ChatGPT 不只是一个创新工具，更是一种力量，帮助我们突破传统的障碍，为我们带来全新的视野和机遇。本章将深入探讨 ChatGPT 的工作原理、优势和局限性，帮助你更加精准地利用它，从而提升你的业务表现。

2.1 ChatGPT 工作原理

ChatGPT 是 OpenAI 开发的一种人工智能（AI）模型，基于生成式预训练转换器（GPT）架构。该模型的训练主要分为两个阶段：预训练和微调。

预训练阶段是构建模型语言“理解”[①] 能力的基础。在这个阶段，模型被“投喂”了大量的互联网文本数据，比如网页上的新闻、书籍信息，等等，训练数据量可达数千亿个单词。通过这种方式，ChatGPT 学习了语言的基本规则和模式，例如词汇含义、语法结构、一词多义等各种复杂的语言规则。这一阶段的目标是训练模型能预测给定句子的下一个词是什么，这种训练过程迫使模型学习语言的丰富性和复杂性。

微调阶段则是一个更具针对性的过程。在这一阶段，模型接受有关对话和问答的特定任务训练，例如，通过让模型阅读数千次问题与答案的配对，训练模型“理解”并学会在对话中回应问题或表达观点。

ChatGPT 的一个重要特性是，它可以进行连贯的多轮对话。它不仅能回应单个问题，还能记住之前的对话历史，这使得与 ChatGPT 的交流更接近与真人的自然对话。

① 从根本上说，GPT 是一个基于统计学的预测系统，是对词语序列的概率相关性分布的建模；它通过大量数据训练，根据上文出现的语句频率，挑选一个匹配概率最高的答案。但是，它并不能像人类一样，真正理解给出的任务或交流中的语言。故本书中，在 ChatGPT 理解人类任务、理解语义等相关的语境中，“理解”一词均加了引号。——编者注

在技术上，ChatGPT 基于一种名为“Transformer”的模型架构，这个架构的特点在于利用自注意力（self-attention）机制捕获输入文本中的各种依赖关系。Transformer 采用了一种被称为“遮罩语言模型”（masked language model）的预训练方式，使得模型在预测下一个词的同时可参考其前面和后面的词，从而获得更全面的语境，给出更贴切的答案。

总的来说，ChatGPT 通过大规模文本学习和文本“理解”，以及特定任务的微调，获得了与人类进行自然语言对话的能力。这一切都基于先进的模型架构和复杂的算法设计，它们使得 AI 可以更好地“理解”和生成语言，实现了 AI 以更接近人类的对话方式与人类互动。

2.2 ChatGPT 的优势和局限性

ChatGPT 既有优势也有局限性。充分了解它的优势和局限性可以让你更全面地理解这一先进的人工智能助理。

2.2.1 ChatGPT 的优势

1. 大规模数据训练

大规模数据训练是 ChatGPT 的强大力量的核心。这种训练不仅仅是数量上的积累，更是内容上的丰富和拓展。广泛而深入的学习使得 ChatGPT 能够“理解”和适应多样化的销售场景，进行跨领域、跨场景的判断，并提供更加精准和有效的响应和支持。它强大的响应能力和应答能力的背后正是涵盖各个方面的大规模数据训练。下面的例子将具体地展现这一点。

假设一家电商平台使用 ChatGPT 来加强客户服务工作，优化销售策略。在经过大规模的互联网文本数据训练，并学习了消费者评论、产品评价、在线论坛帖子、其他社交媒体内容等大量的信息之后，ChatGPT 熟悉了大量的客户需求和喜好。

现在，当潜在客户访问电商平台并开始与ChatGPT互动时，ChatGPT能够基于之前的数据训练及对客户需求和喜好的了解，提供个性化的销售建议。例如，如果一个客户之前购买过一台笔记本电脑，并留下了正面评论，ChatGPT会依据这些信息，向其推荐符合其兴趣或喜好的相关产品，比如配件或新型号的笔记本电脑。

经过大规模数据训练，ChatGPT还能更好地“理解”复杂的销售情境、处理更复杂的销售问题。当客户询问产品规格、价格和优惠信息时，ChatGPT可以快速且准确地给出答案，这是因为通过训练，它已经学会了处理这些信息的方式。ChatGPT在销售过程中表现得更像一个熟悉产品的专业销售代表，而不仅仅是一个简单的问答机器人。

总的来说，通过大规模数据训练，ChatGPT在销售领域能够更好地“理解”客户需求，提供个性化的销售建议，并应对复杂的销售情境。它已成为电商平台的一个强大工具，能够帮助电商平台提高销售业绩、提升客户满意度。

2. 多轮对话能力

值得一提的是，ChatGPT与其他AI模型相比的一个显著优势是它的多轮对话能力。这不仅意味着ChatGPT可以记住并参考之前的对话内容，而且还能在连续的对话中提供更深层次的指导和反馈，这对于给予销售方面的指导尤其重要。

假设你是一位新入行的销售员，正在寻找一些有效的销售策略和技巧。你与ChatGPT进行了如下对话。

我是一位销售员，你能给我提供一些有效的销售策略和技巧吗?

当然，我很乐意提供帮助。首先，一个好的销售员需要精通产品知识，这样才能确信能够说服客户。其次，理解你的客户也非常关键。你需要知道他们的需求和期望，从而提供最适合他们的产品或服务。你希望更深入地了解哪个方面?

那我该如何更好地理解我的客户呢?

理解客户的关键在于有效的沟通。你需要倾听他们的需求，了解他们的问题，以获取他们的观点。此外，做一些市场研究，如调查或数据分析，也能帮助你了解客户的行为和偏好。这样，你就能为他们提供他们真正需要和喜欢的产品或服务。你还有其他问题吗?

上面的对话示例展示了 ChatGPT 处理多轮对话的强大能力。它能够根据之前的对话内容来生成相关且有意义的响应，为用户提供深入的解答。

3. 自然语言“理解”和生成能力

ChatGPT 在自然语言“理解”和生成方面的优势对销售领域尤为重要。它能够帮助销售人员以清晰、准确且易于理解的方式解释复杂的产品信息和技术细节。

例如，一个客户对新推出的智能家居系统的兼容性和安全性有疑问，其问题可能涉及技术上的复杂性。在这种情况下，销售人员可以利用 ChatGPT 来获取如何以简明的语言解释复杂技术的建议。ChatGPT 可以提供关于如何描述系统的兼容性和安全性的建议，也可以提供关于这些特性如何为用户带来便利和安全保障的详细解释。这不仅帮助销售人员更自信、更专业地回答客户的问题，也使客户更容易理解产品的优势和价值。

下面，我们了解一下 ChatGPT 的局限性。

2.2.2 ChatGPT 的局限性

1.“理解”语境方面存在局限性

不能忽视的是，虽然 ChatGPT 能“理解”语言，且生成的语言接近人类，但在“理解”语境方面它仍然存在局限性。比如，它可能难以“理解”特定文化背景下的语义，或者处理含有讽刺意味或复杂情感的语言。

例如，一个销售人员正在使用 ChatGPT 学习和练习销售技巧，他向 ChatGPT 描述了这样一个销售情境：“我正在向一个专注可持续发展的客户销售一款新的环保产品，我该如何推销？”面对这样的问题，ChatGPT 需要深入“理解”情境的背景和相关知识，包括“可持续发展”和“环保产品”的概念，以及销售策略的变化等。虽然 ChatGPT 通过模型的预训练阶段和微调阶段学习了一些销售策略和技巧，但在完全“理解”和处理这种特定情境下的语言方面仍存在挑战。这凸显了其在“理解”语境方面的局限性。

不过，我们依然有解决这种问题的办法。在使用 ChatGPT 进行对话或提问时，**一个有效的策略是将问题或请求尽可能地具体化和明确化。**比如，根据前述的销售情境，我们可以将问题分解为几个更明确、更具体的小问题。

例如，你可以向 ChatGPT 提出下面这样 3 个问题。

> 对于关注可持续发展的客户，他们通常关心什么样的产品特性？有哪些有效的策略可以帮助我向客户推销环保产品？在销售环保产品时，有什么特别需要注意的地方吗？

通过将问题细化，ChatGPT 将提供更加实用且准确的回答。虽然它无法完全“理解”复杂的销售情境，但它仍然可以基于在训练阶段学习到的知识以及其自然语言处理能力，为具体问题提供有用的答案。

关于如何向 ChatGPT 提问，本书第 3 章将会为你具体讲解。

2. 存在幻觉现象

ChatGPT 展现了令人印象深刻的语言生成能力。但与此同时，我们也需深入了解它的局限性，特别是被称作“幻觉”的现象。这意味着 ChatGPT 可能会生成与事实不符的答案。

什么是幻觉现象？简单地说，幻觉现象指的是 ChatGPT 在没有确切信息或仅基于其训练数据的情况下生成的看似合理但实际上不正确的信息。虽然它生成的答案在语境中看似合适，但在实际应用中可能是错误的。

那么，这种现象为什么会发生呢？

- **受数据训练的影响**：ChatGPT 虽然经过了大规模数据训练，但并非所有学到的内容都是准确的。误导性的数据可能导致其生成错误的答案。
- **受生成的目标的影响**：ChatGPT 的首要目标是生成连贯和自然的回答，而不是始终确保其准确性。
- **受训练数据的局限性的影响**：ChatGPT 的训练数据截至 2023 年 4 月，这意味着其回答可能基于未更新的信息。此外，开启联网功能可能导致“数据污染”，因为 ChatGPT 的语料库可能会受到网上低质量数据的影响。

ChatGPT 的这种幻觉会带来哪些问题呢?

- **信息误导**：用户可能会误认为从 ChatGPT 获得的信息是最新或最准确的。
- **信任问题**：频繁的不准确回答可能导致用户对 ChatGPT 的信任度下降。
- **数据污染**：一旦 ChatGPT 受到网上低质量数据的影响，其回答的可靠性会进一步下降。

了解了上述内容后，我们应该如何对待幻觉现象呢?

我们要明白 ChatGPT 的回答可能不总是完全准确的，因此在使用时，尤其是在重要情境中，需要我们核实信息。我们可以结合其他可靠的数据来源来验证答案。虽然 ChatGPT 存在局限性，但只要我们采取适当的策略，就可以充分利用它的优点，同时降低其弊端的影响。

3. 面临信息安全和伦理问题

还有一个必须正视的问题是，由于 ChatGPT 在训练过程中需要处理大量用户数据，因此数据安全和隐私保护是我们面临的重大挑战。同时，如何确保 AI 的使用不违背伦理，比如避免生成有害信息或误导性信息，也是需要解决的难题。

总体来说，ChatGPT 在自然语言处理方面具有显著的优势，但同时也存在挑战和局限性。全面理解这一先进的人工智能模型有助于我们在使用过程中有效权衡其优势和风险。

2.3 ChatGPT 是破解销售困境的有力武器

在销售过程中，销售人员经常会面临许多挑战，比如在理解复杂的产品信息、识别潜在客户的需求、提供及时且有效的客户服务等方面会遇到诸多问题。经验较少的销售人员并不能顺时施宜、因事制宜地应对这些挑战，但是 ChatGPT 作为一种高级的 AI 工具，能够提供出色的解决方案。

1. 理解复杂的产品信息

销售人员只有全面理解所销售的产品，才能有效地推销产品并解答客户的问题。然而，随着产品变得越来越复杂，理解所有的产品细节并随时解答客户提出的问题会变得困难。

ChatGPT 能够接受大量的产品信息输入，并为客户提供详尽且准确的反馈。销售人员可以将 ChatGPT 视作一个即时的信息源，帮助自己在需要时获取正确的信息。

假设有一家名为“W”的专门生产和销售太阳能板的公司。该公司的产品具有多种型号和配置，每个型号都有独特的优点和特性。销售团队面临的挑战是理解和记住所有这些信息，以便能够向潜在客户准确地介绍这些产品。

在这种情况下，ChatGPT 就可以派上用场。公司可以将有关各种产品型号的详细信息输入到 ChatGPT 中，让它学习并“理解”这些信息。这样一来，当销售人员需要向客户介绍特定信息时，他们就可以使用 ChatGPT 进行快速查询（适用于线上销售）。如果是实地拜访客户，销售人员也可以在拜访客户之前，通过 ChatGPT 进行销售预演，以熟悉产品信息、提升介绍产品的能力和沟通交流能力。

例如，如果客户问：“我需要一个可以应对极端气候条件的太阳能板，你有推荐吗？”

销售人员可以在 ChatGPT 中输入这个问题，并立即得到一个详细且准确的回答，回答如下所示。

您好，我们的 X 型号太阳能板是针对极端气候条件设计的理想选择。这款产品采用公司独特的耐候性强化技术，即使在 -40°C到 85°C的温度范围内，也能保持出色的性能。它创新的防冻结构和高效的热管理系统，能在 0°C以下的环境中正常运行，而在高温环境下其性能也不会下降。

此外，我们的 X 型号还采用了先进的抗风设计，即使在 160km/h 的风速下，也能保持稳定，客户无须担心损坏。并且，所有这些优秀特性并未影响其能量转换效率，它的效率高达 22%，远超行业平均水平。

简而言之，无论您身处哪种气候环境，X 型号太阳能板都能提供持续且高效的能源供应，满足您的所有需求。这正是 W 公司对产品质量和性能的承诺，我们始终为客户提供最佳的解决方案。

ChatGPT 能够详细地阐述产品的特性和优点，突出其卖点，从而给客户留下深刻的印象。它不仅帮助销售人员在回答客户问题时更有信心，同时也增强了客户的购买欲望。通过使用 ChatGPT，W 公司能够更有效地管理其复杂的产品信息，提高销售人员的工作效率，提供更好的客户服务。

可以看到，通过这种方式，销售人员可以避免忘记重要信息或给出错误的建议。他们还能在拜访客户之前做出充分准备。客户则能获得准确的信息，加深对产品的理解，从而做出更明智的购买决定。

2. 提供及时有效的客户服务

在销售过程中，提供及时有效的客户服务是不可或缺的一环。ChatGPT 的全天候在线的特点使得无论是在购买流程中还是售后服务阶段，它都能够迅速回应客户的各类疑问。相较于传统的人工客服，ChatGPT 能够在更短的时间内解答更多的问题，可以有效提升客户满意度。

3. 提供实时反馈和指导

在销售环境中，每一个细微的决策都会对结果产生显著影响。有时，销售人员在面对复杂的销售场景和挑战时，往往需要及时且专业的建议来指导他们的决策。此时，ChatGPT 就像一位随时待命的“销售教练”，能够提供即时的反馈和指导。销售人员只需要在对话框中提出问题，就能得到基于大量数据和高级算法生成的专业答案。这种实时的反馈对于处理复杂的销售情况至关重要。

4. 进行情景预演

销售是一个需要通过练习和实践来不断提高的技能。然而，与真实客户交流并不总能提供安全的练习环境。在这种情况下，ChatGPT 就可以发挥作用。销售人员可以通过 ChatGPT 模拟各种销售对话或者进行销售情景预演，尝试不同的销售策略和话术，提高自己的销售技巧，而不必担心影响真实的客户关系。

5. 促进学习和职业发展

销售是一个需要持续学习的领域。通过与 ChatGPT 的互动，销售人员可以从其深度学习的知识库中汲取经验，加深对客户需求的理解，增强展示产品价值的能力，并提升处理客户反馈和异议的技巧。这种自我提升的过程对于销售人员的职业发展非常有益。

6. 实现个性化学习

无论是销售新手还是经验丰富的销售人员，每个人都有自己独特的销售风格和需要提升与改进的地方。ChatGPT 能够识别每个销售人员的个人风格和优缺点，并根据他们的具体情况，提供个性化的建议和指导，帮助他们克服个人短板，提升销售效率。

综上所述，ChatGPT 具有强大的解决销售问题的能力。在理解复杂的产品信息、识别潜在客户的需求，提供及时且有效的客户服务等方面，它可以帮助销售团队提升销售效率，提高服务质量和客户满意度，并最终实现销售目标。

因此，ChatGPT 可以成为破解销售困境的有力武器，值得销售团队和个人深入了解和充分利用。

接下来的第 3 章将聚焦与 ChatGPT 互动所需的最关键的技能——如何提出有效的问题以帮助你做好销售工作。

第 3 章

学会提问：如何发挥 ChatGPT 的最大威力

销售领域充满了各种挑战，而 AI 工具，包括 ChatGPT，为我们带来了前所未有的可能性。尽管在前面的章节中，我们已对销售中的挑战和 ChatGPT 所提供的机会进行了探讨，但充分利用这些机会并非易事。为了帮助你真正理解和利用 ChatGPT 的强大功能，本章将聚焦与 ChatGPT 互动所需的最为关键的技能：如何提出有效的问题。

提问看似简单，但在与 AI 的对话中非常关键。它决定了我们是否深入地利用了 ChatGPT 的功能以获得实用且相关的答案，并成功地应对销售过程中的各种情境。当你需要了解市场动向、调整销售策略时，正确的提问方式往往起关键性的作用。

在本章中，我们将探索有效提问的重要性，以及如何通过恰当的问题将 ChatGPT 的效用最大化。我们还将介绍 ChatGPT 响应问题的基本逻辑，帮助你理解它是如何工作的，并了解如何避免常见的提问陷阱。此外，我们还将探讨在销售场景中使用 ChatGPT 的具体策略，包括了解客户行为、了解市场趋势，以及制定适合特定市场的销售策略等。

3.1 有效提问的关键作用

ChatGPT 作为一种强大的 AI 工具，能帮助销售人员获得所需答案。学会有效提问至关重要，因为它可以帮助销售人员获取准确且相关的信息、理解客户需求并为客户提供解决方案。

在与 ChatGPT 交流时，提出的问题的质量会显著影响 ChatGPT 回答的准确性和相关性。ChatGPT 的能力在于处理和响应具体且清晰的问题。如果问题模糊或不明确，它可能无法准确把握问题的真正意图，从而给出泛泛而谈或与问题本质不符的答案。

为了更好地理解问题需要清晰的重要性，让我们通过两个具体的示例来探究。

◈ 示例 1：模糊的问题

提问：“如何提高销售业绩？”

分析：当这样提问题时，ChatGPT 通常会基于其训练数据中的常见模式和大众普遍接受的知识给出一个常见答案。例如，它可能会建议“提高产品质量、优化销售策略、加强客户关系管理”等内容。这些建议通常是基于广泛的商业知识和行业标准，适用于多数情况。但由于缺少具体细节，答案不适合直接应用于具体的销售场景。

◈ 示例 2：清晰的问题

提问：“针对 2B 软件销售，如何在与客户初次见面的过程中有效地识别客户需求？”

分析：这个问题针对性强、具体明确，使得 ChatGPT 能够专注 2B 软件销售的具体场景，并提供实用的策略。明确指出“与客户初次见面”这一细节可以引导 ChatGPT 提供特定于该情境的策略，而非给出泛泛的销售建议。“有效地识别客户需求”这一明确的目标不仅突出了销售过程中的关键步骤，也使得 ChatGPT 的回答更加聚焦和实用。这样的提问方式会让 ChatGPT 提供具体的行动指南，比如建议销售人员提特定类型的开放式问题、观察非言语线索、使用特定工具或技术来理解客户反馈，从而帮助销售人员在 2B 软件销售的场景中提高销售效率和成效。

小提醒：转化模糊问题为有效问题

在示例 1 中，我们了解了一个广泛性的问题是如何影响 ChatGPT 回答的有效性的。现在，让我们看看如何将这个问题转化为具体且有指导意义的问题。

改进后的问题：“对于面向中小企业的 2B 软件销售团队，有哪些策略可以有效提升针对 2B 软件销售市场的销售业绩？”

改进后的问题更加具体，聚焦特定的客户群体（中小企业）和销售类型（2B 软件），从而使 ChatGPT 能够提供更有针对性的策略和建议。

可以看到，示例 1 的问题较为宽泛，导致回答同样宽泛且不具体；而改进后的问题具体且明确，使得回答更加有针对性和实用性。

通过比较，我们可以清晰地看到，向 ChatGPT 提出具体、明确、有效的问题是获取准确、有价值回答的关键。在实践中，这意味着你需要在提问时投入更多的思考和精力，确保你的问题尽可能地明确、具体和有效。

3.2 理解 ChatGPT 的响应逻辑

ChatGPT 是一个强大的工具，无论是销售人员还是其他行业的专业人士都可以通过它来获取信息、解决问题、提升工作效率。为了充分利用这一工具，我们需要理解它的响应逻辑。了解 ChatGPT 如何处理我们的问题、如何构造它的回答，可以帮助我们更好地与它交流和互动。

值得注意的是，ChatGPT 并不是一个传统意义上的知识库，它也没有自我意识或独立情感。作为一种先进的人工智能模型，ChatGPT 是通过学习和分析海量的文本信息来训练的，这让它能够以自然的方式生成语言。它的回答基于所接收的输入信息以及在训练过程中学习到的语言模式和知识结构。这意味着 ChatGPT 的回答并非基于任何内在的“理解”或感知，而是其算法通过对大规模数据集进行模式识别和信息提取的结果。虽然它能够提供信息丰富且格式多样的答案，但这些答案是基于预先训练的数据和算法，而不是任何形式的个人经验或主观判断。

当向 ChatGPT 提出问题时，它会根据问题，以及它在训练过程中学习到的模式来构造回答。因此，它的回答并不一定是完全准确的，也不一定是唯一的。它的目标是生成一种可能的、合理的、符合语言模式的回答。理解这种基于模式的响应机制对于有效提问和解读其回答非常重要，可以帮助你更好地利用这个工具，满足你的需求。你可以尝试使用不同的提问方式，或者提供更多的上下文信息，以获取更具针对性的答案。

3.3 在销售场景中向 ChatGPT 提问的策略

3.3.1 明确销售目标

在提问前明确你的销售目标有助于有效提问，从与 ChatGPT 的交流中获取有价值的信息和建议，这对精准定位销售策略、应对销售过程中遇到的挑战至关重要。

1. 明确销售目标的意义

在与 ChatGPT 进行交流时，有一个明确的销售目标可以帮助你更精准地提出问题。销售目标可能涉及提高特定产品的销量、扩大市场覆盖范围，或提升客户服务质量。明确的目标能够为你的提问提供方向，确保从 ChatGPT 获得的答案与你的实际需求密切相关。

2. 提问构建步骤

在明确销售目标后，你的提问应该聚焦这一目标。以下是构建有效提问的关键步骤。

第 1 步：提供详细背景信息

有效提问需要包含有关产品或服务、目标市场、客户群体的详细信息。这些背景信息对于 ChatGPT 来说很重要，因为它们能够帮助模型准确地“理解”你的具体销售环境。

第 2 步：聚焦具体销售挑战

你的问题应直接关联所面临的具体销售挑战，比如如何与初次见面的客户建立信任、如何处理客户异议等。关于挑战的具体描述可以让 ChatGPT 给出的答案是具体和可操作的，直接针对你的需求。

第 3 步：从多角度提问

围绕你的销售目标，可以考虑从不同的角度提问，比如市场趋势、客户反馈、竞争对手分析等，可以帮助你获得更全面的见解和策略。

3. 提问示例

假设你负责销售智能家居设备，以下是从不同方面向 ChatGPT 有效提问的示例。

基于市场表现和产品特性提问

“我负责销售一款可通过移动应用控制的智能灯泡。尽管在自媒体上收获了一些好评，但普通消费者对此还不太了解。考虑到普通消费者可能对智能家居设备的易用性和实用性有所顾虑，我应该如何调整我的营销策略，从而更有效地吸引这一群体并提升产品知名度？”

基于客户反馈提问

“我销售的智能家居系统从不同用户群体那里收到了一些反馈。一些技术熟练的用户对设备的高级功能感到满意，但初次使用智能家居设备的用户则对设备安装和相关操作感到困惑。考虑到这种情况，我应该采取什么策略或工具来简化安装和操作流程，同时讲解清楚产品的高级功能？此外，我在销售演示中应如何调整，以更有效地向不同技术水平的用户展示产品的特点？”

基于竞争对手分析及策略调整提问

“我销售的智能家居系统在市场上面临着来自多个竞争对手的挑战。竞争对手提供的系统功能类似，但价格更低。我们的产品在数据安全和保护用户隐私方面具有明显优势。基于以上情况，为了有效地突出我们的产品在数据安全和隐私保护方面的优势，向对价格敏感的客户强调这些附加价值，我应该如何调整销售策略？”

上面的提问明确具体，能够帮助销售人员聚焦他们的销售目标，从 ChatGPT 获取更实用的策略和建议，从而提高销售效率，改善产品的市场表现，提升客户体验和客户满意度。

3.3.2 了解客户行为和市场趋势

在销售过程中，深入了解客户行为和市场趋势至关重要。它可以帮助销售人员更有针对性地推销产品或服务，有效预测潜在的市场变化，并做出明智的业务决策。下面将介绍如何通过有效的方式向 ChatGPT 提出关于客户行为和市场趋势的问题，并通过实例来阐明相关技巧。

1. 给出具体的时间范围

在询问市场趋势时，给出明确的时间范围很关键，它可以帮助你获得精确且有用的答案。

一般性提问：“健身器械市场最近有什么新趋势？”

分析：这个问题时间范围不明确，会导致得到的信息过于广泛、不够具体，不足以为市场分析或销售策略提供实用性强的指导。

精准提问：“在健身器械市场中，过去两年内有哪些明显的消费者购买趋势？”

分析：这个问题明确指出“过去两年”这一具体的时间框架，有助于获得相关的市场趋势信息。这种提问方式使回答更具时效性和相关性，有利于制定更有效的市场策略。

2. 强调特定市场或目标群体

每一个市场或目标群体都有其独特的消费者行为模式。明确你所关注的市场或人群可以提高答案的针对性。

一般性提问：“人们现在喜欢什么样的服装？”

分析：这个问题过于宽泛，覆盖了非常广泛的人群。得到的答案很可能是泛泛而谈的，不适用于特定市场或目标群体。

精准提问：“在中国青少年市场中，当前最受欢迎的服装风格、材质和颜色是什么？”

分析：这个问题更加具体，聚焦特定市场（中国市场）和特定的目标群体（青少年）。通过询问服装风格、材质和颜色的趋势，提问旨在获取更详细的市场信息，有助于销售人员针对这个特定市场制定有效的销售策略。

3. 关注客户的具体行为和习惯

了解客户或消费者的具体行为和习惯对于调整和优化市场策略至关重要，

因为这些信息直接影响产品或服务的市场接受度和成功率。

一般性提问：“消费者如何看待在线购物？”

分析：这个问题虽然指明了在线购物这一场景，但它没有指出特定的产品类型和消费者群体等背景信息，这会导致答案一般化，不足以提供深入的市场洞察或消费者行为洞察。

精准提问：“在家居用品领域，如果消费者选择在线购买方式，他们最看重哪些因素，比如价格、品牌、评价等？”

分析：这个问题专注于特定的细分市场（家居用品领域）和在线购买行为，能够获得更具体、更有用的信息。这些信息有助于销售人员更好地理解消费者的偏好和消费决策要素，从而有效地调整销售策略和营销活动，提升销售成效。

4. 引入对比或比较

了解客户行为和市场趋势的一个有效方法是进行对比或比较，这可以帮助你识别产品或服务在市场表现方面的主要差异和市场趋势。

一般性提问：“智能手表的市场表现如何？”

分析：这个问题虽然指出了要咨询的产品是智能手表，但它没有提供一个具体的时间范围或分析框架，会导致得到的回答宽泛、不具体。

精准提问：“过去一年与前一年相比，智能手表的市场销量和市场趋势有何变化？”

分析：这个问题明确指出要对比过去两年智能手表的销售数据和市场趋势。这样的问题可以让 ChatGPT 为你提供可供对照、更可靠、更具针对性的市场趋势分析，而不仅仅提供笼统的简单描述。

3.3.3 寻求特定市场的销售策略

在销售过程中，销售人员在面对不同的市场、产品和目标客户群体时，都会遇到不同的挑战和机遇。学会向 ChatGPT 提问，以获取适合特定市场的销售策略，能够帮助我们更精准地销售和推广。

1. 明确提问的背景

提问时，向 ChatGPT 提供充分的背景信息非常关键。这有助于 ChatGPT 更准确地“理解”你的需求并给出相应的建议。

2. 使用开放式问题

使用开放式问题可以让 ChatGPT 提供更全面的策略或建议。比如，“我们该如何更好地理解我们的目标客户群？”或者“有哪些创新方法可以提高产品的市场吸引力？”这样的问题能够打开思维的大门，帮助你获取多元化的策略或建议，为你的销售策略增添新的维度。

3. 有针对性地提问

在使用 ChatGPT 调整销售策略时，你应该像跟一个老朋友聊天一样，详细说出你的计划和想法。把你的想法和遇到的难题说出来，有助于 ChatGPT 更好地帮你出主意。同时，你也要告诉它你想达到什么目标，比如提高销量或让客户更满意。通过这样的互动，ChatGPT 能够为你提供切实可行、有针对性的建议。

下面我们来看一个案例（案例 3-1），以更好地理解如何通过 ChatGPT 获取适合特定市场的销售策略。

案例 3-1　S 女士的手工艺品店

S 女士经营一家手工艺品店，主要销售手工陶瓷和布艺品。为了吸引更多 20～40 岁的女性消费者，提高线上销售额，她向 ChatGPT 寻求销售策略建议。

明确提问的背景

S 女士："我经营一个手工艺品店，主要销售手工陶瓷和布艺品。有什么推广策略方面的建议吗？"

使用开放式问题

S 女士："如何在社交媒体上扩大我的手工艺品店的品牌知名度？如何吸引 20～40 岁的女性消费者？"

有针对性地提问

S 女士："我之前尝试在 XX 平台上做广告，但效果一般，你有什么好的建议吗？"

基于 S 女士的问题，ChatGPT 给出了以下策略建议。

- **故事化营销。**分享产品背后的制作过程和故事，展现手工艺的魅力。
- **组织互动活动。**在社交媒体上发起手工艺品 DIY 挑战，鼓励消费者分享他们的作品。
- **与当地艺术家合作。**定期邀请本地艺术家进行线上直播，展示产品制作过程，并结合产品的推广。
- **提供特色礼品包装。**提供有特色的包装选项，使产品更适合作为礼物送人。

- **提供会员俱乐部服务。**为忠诚客户提供会员俱乐部服务，包括特殊折扣、早鸟优惠或独家产品。
- **分享高质量的产品照片。**确保在社交媒体上分享的所有产品照片都是高分辨率和专业的，以凸显产品的细节和质量。

案例 3-1 清晰地展示了如何通过提供明确的背景、提出开放式问题，以及进行有针对性的提问，以获得适合特定市场的销售策略。这些提问技巧不仅在销售和市场推广中有效，在其他领域中也同样适用。我们可以充分发挥 ChatGPT 在给出销售策略建议中的潜能，让它高效地为我们服务，从而满足针对不同市场、产品或目标客户群体的销售策略需求。

小提醒：给你们的聊天命个名

每次为与 ChatGPT 的对话取个名字吧。这样做可以让你在后续查询对话时，更容易地找到你想要的内容。

在与 ChatGPT 进行多次互动时，为了方便区分和管理，建议根据不同主题为每个独立的对话窗口设置明确的名称或标题。例如，可以将对话窗口命名为“产品咨询”“客户反馈策略”等。这样做可以让你在多个话题或查询之间切换时，能够快速识别并定位到相关的对话内容，避免混淆或遗漏。

虽然这是一个小细节，但在多任务处理中它可以为你带来很大的便利，节省你的时间、提高工作效率。

3.4 提供有效反馈以改进 ChatGPT 的响应

在与 ChatGPT 的互动过程中，提供具体的反馈是非常重要的，这可以帮助 ChatGPT 了解你对其响应的满意度并进行相应的改进。以下是给出反馈的方法。

1. 指出具体问题

如果 ChatGPT 的回答不能满足你的需求，你可以明确地指出哪一部分回答是不准确或不相关的。比如，如果 ChatGPT 的回答过于笼统，你可以告诉它："这个回答太过笼统，我需要更具体的策略或步骤。"

2. 提供改进建议

除了指出问题，你还可以给出改进建议。比如，如果你认为 ChatGPT 的回答太过专业或难以理解，你可以建议："请使用更简单的语言或更通俗的例子来解释。"

3. 明确你的需求

在提供反馈时，明确你的需求和期望能帮助 ChatGPT 更好地理解你的意图并提供更有效的响应。比如，你可以明确地告诉 ChatGPT ："我需要针对 XX 问题的具体策略，而不仅仅是一般性的建议。"

下面举一个例子（案例 3-2）。

案例 3-2　向 ChatGPT 寻求帮助的心理咨询师

V 女士是一名心理咨询师，她正在寻找向潜在客户推荐她提供的咨询服务的有效方法。V 女士注意到客户可能会对服务质量、服务方式和价格有所疑虑。

V 女士想借助 ChatGPT 来获得有效的推荐方法，她向 ChatGPT 提出了下面的问题。

我是一名心理咨询师，正在努力推荐我的咨询服务，但是我注意到客户可能会对我的服务质量、服务方式和价格有所疑虑。我应该如何消除他们的疑虑，并有效地推销我的服务呢？

针对这个问题，ChatGPT 做出了如下回答。

你可以向他们解释你的专业背景和经验，以及你的咨询方法如何能够帮助他们解决他们的具体问题。同时，你也可以提供针对服务价格的一些合理解释。

V 女士觉得 ChatGPT 给出的答案太过笼统，没有提供具体的策略，未能完全满足她的需求。于是，V 女士向 ChatGPT 表示了对响应的不满，她又向 ChatGPT 提出了下面的问题。

你的答案虽然有道理，但是对我来说还不够具体。我需要更具体的建议，比如我应该怎样向他们解释我的专业背景和经验？我应该如何详细地介绍我的咨询方法？有没有特定的案例或故事可以用来解释我的服务价格？

通过给出明确的反馈和具体的要求，ChatGPT 可以更好地理解 V 女士的需求，并提供更具体、更有针对性的建议。针对 V 女士提出的反馈，ChatGPT 做出了如下回应。

当提及你的专业背景和经验时，你可以详细介绍你的教育背景、你在哪里接受的培训，以及你的专业认证。同时，你也可以提供一些你帮助过的客户的匿名案例，展示你的咨询方法是如何在实际案例中产生影响的。当谈到价格时，你可以解释你的价格反映了你的专业知识和丰富的经验，以及咨询服务可能为客户带来的长期效益。你也可以提到一些支付方案，如分期付款，来减轻客户的经济压力。

V 女士看到上述回应，还是不够满意，她继续向 ChatGPT 提出了要求。

我觉得你给的建议还是不太落地，我需要更加具体的建议和话术。

根据 V 女士的要求，ChatGPT 给出了更详细的答案。

介绍专业背景。不只是简单地说“我在大学学习了心理学”，而是细化成“我在 XX 大学获得了心理学学士学位，并在 XX 大学获得了心理治疗专业的硕士学位。此外，我还接受了 XX 机构的进阶培训，专注于焦虑症和抑郁症的治疗”。

展示经验。分享具体的案例（确保没有泄露客户隐私）。例如，可以细化成“我曾帮助一位心理上受过严重创伤的客户，在经过 6 个月的咨询后，她的睡眠质量明显提高，社交焦虑也得到了缓解”。

解释咨询方法。不仅仅说“我使用认知行为疗法”，而是细化成“我采用的认知行为疗法是一种经过验证的方法，它帮助客户识别和改变那些不健康的思维模式，从而改善他们的情感和行为。我们会一起工作，找出你的固定思维模式，并逐步替换成更有建设性的思维”。

合理解释价格。明确指出咨询服务的价值。可以细化成“我的收费是根据我多年的专业经验、持续的教育培训以及每场咨询背后的准备时间来设定的。虽然价格可能高于市场上的一些其他选择，但我为客户提供的个性化服务和长期效益是无法估量的”。

支付方案。提供灵活性。可以细化成“我明白咨询服务可能是一笔不小的投资，因此我提供分期付款的支付选项，以使更多的人可以获得帮助”。

邀请免费咨询。为潜在客户提供一个机会来了解你。可以细化成“如果您仍然有疑虑，欢迎您预约一个免费的 15 分钟咨询服务，这样我们可以更深入地讨论您的需求，明确我如何才能帮助到您”。

通过案例 3-2 可以看到，在与 ChatGPT 的互动中给出有效的反馈可以让 ChatGPT 对其响应做出相应的调整和改进，使你得到更加实用、更加具体的答案。

小提醒：如何让 ChatGPT 给予我们鼓励

这里有一个小秘密和你分享——在遇到挑战、需要鼓励的时候，你可以在向 ChatGPT 提问前透露你的情绪状态。这样做能让 ChatGPT 理解并回应你的情绪。

例如，你可以说："我现在有点儿困惑，不知道应该怎么办。"或者你可以说："我对这个问题感到很焦虑，希望你能给我一些建议。"在得到响应后，你还可以反馈说："谢谢你的建议，它们让我有了一些新的思考。"

当表达了你的情绪状态时，你会发现 ChatGPT 不仅能提供具体的建议，还会送上鼓励和支持，让你感到被理解、被关注。同时，它的回答能够激发积极的心态，让你更好地面对挑战。

所以，当你需要时，不妨试试这个小技巧。你会惊喜地发现，ChatGPT 不仅仅是一个工具，它还有可能成为你在困难面前的小小支持者。

总的来说，ChatGPT 是一个可以不断学习和改进的模型。你的反馈会对其表现产生影响。通过提供有效的反馈，你可以帮助 ChatGPT 更好地理解你的需求，提供更有效、更精确的响应，从而帮助你在销售过程中取得更好的结果。

小提醒：请随意提问，不要感到不自在

在与 ChatGPT 交互时，**请放心提出你真正关心的问题**，不必担心问题的难易程度。ChatGPT 的存在就是为了帮助你，除非你提出要求，否则它并不会对你的问题本身进行评价。

众所周知，提问是获取知识的重要方式。然而，有时人们可能因为担心自己的问题太简单或太难，甚至不合适，而选择保持沉默。这种情况在人与人之间的交流中很常见。

但在与 ChatGPT 互动时，你完全不需要有这样的顾虑。首先，ChatGPT 是一个无偏见的 AI 工具，它不会因为你的问题对你做出负面评价。其次，它的设计初衷就是帮助你，无论你的问题是简单还是复杂，它都会尽量为你提供最佳答案。

所以，请放心大胆地提问，给出尽可能详尽的描述和上下文。这样做能够帮助你获得更准确的答案，还能让你更好地利用这一工具，丰富知识、提升能力。

3.5 识别并避免常见的提问陷阱

当与他人交流时，直觉和经验有时可以指导我们避免误解或错误的发生。但与 ChatGPT 互动时，事情并不那么简单。识别并避免提问中的常见陷阱非常重要。以下是 3 个常见的提问误区，需要在使用 ChatGPT 的过程中予以避免。

1. 问题模糊或过于宽泛

虽然 ChatGPT 有很强的“理解”问题和回答问题的能力，但**它对问题的“理解”仍然基于文字输入，而不是对环境或语境的深刻理解。**例如，如果你问“我应该怎么办”而没有给出具体情境，ChatGPT 将难以提供有用的建议，因为它无法“理解”你所说的“怎么办”是指什么方面。

2. 提出需要猜测或预测的问题

虽然 ChatGPT 能够根据大量的文本数据生成答案，但**它并不具备预测未来的能力**。例如，如果你问“我的客户明天会同意我的提议吗”，ChatGPT 将无法给出准确的答案，因为这需要它对未来进行预测，而这超出了其能力范围。

3. 盲目依赖 ChatGPT 或对其抱有过高期望

尽管 ChatGPT 是一个强大的工具，但我们应该清楚它具有局限性，**不能对它的能力过于依赖或有过高的期望。**例如，虽然 ChatGPT 可以提供法律或医学方面的基础建议，但它绝不能替代真正的行业专家。在涉及需要专业意见的领域，比如有关投资决策，或在做出改变生活的决定时，它无法提供具有约束力或强制性的建议。了解 ChatGPT 的工作方式和工作边界，有助于我们设定合理的期望，基于它的能力利用好这一工具。

通过避免上述提问陷阱，我们能够更好地引导 ChatGPT，让它在我们的销售过程中发挥更大的价值。

小提醒：以真诚的态度使用 ChatGPT

有些人在接触 ChatGPT 时，可能会怀有一种试探或验证的心态。他们可能会想："这个 AI 工具真的有那么厉害吗？"这种心态使他们故意提出极端或模糊的问题，以测试 ChatGPT 的反应。**他们只是因为怀疑 AI 的能力而提问，并非真正希望得到答案**。这种怀疑的态度和试探的心态可以理解。但是，为了获得最佳的使用体验和更准确的答案，最好提出真实且具体的问题。**只有当我们以真诚的态度与 ChatGPT 交流时，才能更真实地体验其功能，得到更有价值的答案**，同时也能更深入地了解其优势和局限性，而不仅仅是"测试"它的能力。

ChatGPT 就像一个小助手，作为用户，你需要学会如何最大化地利用它，和它一起学习和成长。在此过程中，你可以反复尝试，它会给你带来越来越多的惊喜，让你获得你期望的答案和体验。

在本章中，我们深入探讨了如何有效提问以充分发挥 ChatGPT 的威力。ChatGPT 是一个强大的 AI 工具，它可以帮助我们更有效地应对销售中遇到的挑战。通过精准的提问，我们可以最大化地利用这一工具，让其为我们的销售工作带来更多的价值。

在接下来的第 4 章，我们将探讨销售准备在销售过程中的重要性，以及如何利用 ChatGPT 进行销售准备，并结合实际案例展示 ChatGPT 对销售准备工作的帮助。

第 4 章

运用 ChatGPT 进行销售准备

销售不仅关乎与客户建立信任、在价值观上与客户产生共鸣，它还涉及策略制定，技能运用，对产品知识、市场与客户需求的深入了解，以及高效沟通。在逐渐由数字化主导的时代，将先进技术如 ChatGPT 整合到销售流程中，有助于提高销售成功的概率。

本章将介绍 ChatGPT 如何帮助销售人员更好地进行销售准备，并结合实际案例展示 ChatGPT 对销售工作的潜在价值。你将看到 ChatGPT 如何助你更好地完成销售任务，进入销售的全新境界。

4.1 销售准备的重要性

在销售过程中，我们要对拜访客户前的准备工作充分重视。那么为什么高质量的准备对于成功销售是不可或缺的？我们如何通过有效的准备提升销售效果呢？

1. 销售准备为什么重要

销售准备在整个销售流程中占有重要的位置。它不仅是一种职业习惯，更是成功的关键。销售准备好比一场舞蹈排练，每一次提问、每一个回答，甚至每一个微小的肢体语言，都如同一名训练有素的舞者在舞台上迈出的每一步。舞者的每一步决定着整体的演出效果。可以说，良好的销售准备是你在“舞台”上展现自己的重要一环。

当你对所提供的产品或服务了如指掌，对客户的需求有着深刻的理解时，一种自信自然而然地就会体现出来。你在客户面前不仅显得更加专业，而且能赢得他们的信任和尊重。对客户需求的敏感和深刻理解，是区分优秀的销售人员与平庸的销售人员的标志。

此外，充分的销售准备还意味着能够有效应对挑战和异议。销售过程往往充满不确定性，客户可能会提出各种疑问或异议。如果你已经有所预见并有所准备，你将能够更加从容地应对各种挑战，提供有说服力的答案和解决方案，从而使销售会谈更加顺利。

销售不是一个简单的交易过程，它是一门艺术，需要我们用心去体会和实践。在此过程中，销售准备无疑是关键的一步。它决定了我们给客户留下的第一印象，也决定了未来我们与客户的合作关系。所以，每一次和客户沟通之前的准备都不应被忽视，它是通往销售成功的必经之路。

2. 销售准备的基本要素

在销售领域，销售准备工作的核心要素构成了一名销售人员成功销售的基石。这些要素不仅帮助你在面对客户时展现出专业性，还使你能够更加精准地满足客户的需求和期望。以下是销售准备工作的基本要素，它们是每位销售人员都应该掌握的核心技能。

（1）深入了解产品知识和服务知识

深入了解你所销售的产品或服务是重要的。这意味着不仅要了解产品的功能和优势，还要理解它们是如何满足不同客户的具体需求的。当你能够准确并有说服力地解答客户的问题时，客户更可能对你的产品产生信任和兴趣。此外，拥有丰富的产品知识也使你能够更有效地突出产品的独特卖点，将其与竞争对手的产品区分开。

同时，你也可以准备一系列具体的产品案例，包括产品如何满足特定客户需求的案例。通过具体案例演示产品的功能和优势，可以使客户更容易理解并产生共鸣。

例如，笔者[①]在拜访一家保险公司的负责人之前，特别准备了一个销售复盘案例手册。这个手册详细描述了保险销售人员在销售产品过程中遇到的常见挑战和实际困难，并提供了应对这些挑战和困难的具体策略和实用的销售话术示例。在保险行业，专业知识和个人能力尤为重要。通过展示这些真实、

① 此处以及后面提及的笔者均指本书的作者之一孙慧。——编者注

具体且详细的案例，笔者展示了自己的专业性和对客户需求的深刻理解。结果，这家保险公司的负责人对笔者的专业知识印象深刻，我们最终顺利达成合作。这一案例凸显了拜访客户前专业知识方面的准备工作对于提高客户满意度的重要性。

值得一提的是，通常保险公司已经拥有完善的销售培训体系，它们对销售培训师的专业能力和准备程度有着很高的期望。因此，能够在这样一个高标准的环境中成功，很大程度上是由于笔者的专业准备以及对客户需求的细致洞察。笔者的精心准备不仅体现了对客户和业务的尊重，也展现了专业素养和对细节的关注。通过这样的准备，笔者不仅赢得了客户的信任，还为建立长期的合作关系奠定了坚实基础。

（2）了解市场情况

了解你所在的行业和目标市场对于制定有效的销售策略同样重要。这包括了解市场的当前趋势、客户的一般行为和偏好，以及可能影响市场的宏观经济因素等。对市场的了解使你能够更好地定位你的产品，也会让你在与客户的对话中展现出对行业的深入理解和洞察力。

例如，笔者曾计划拜访一个商场的招商部门负责人。为了更好地理解她可能面临的挑战和商场的实际运营情况，笔者在拜访前花了一个月的时间进行了详细的市场调研。笔者专注研究餐饮服务对顾客满意度的影响，以及服装店如何能提升服务能力和销售能力。这些深入的调研帮助笔者获得了关键的市场洞见，有助于为即将进行的拜访做好充分准备。

基于这些洞见，笔者为商场定制了两本免费的销售服务案例手册，详细描述了改善商场内部服务和提升销售技巧的方法，以及专业形象设计的附加价值。当最终与招商部门负责人会面时，笔者所做的准备和提供的案例手册大大促进了沟通的顺畅进行。招商部门负责人非常认可笔者的专业性和准备工作，主动付费请笔者进行培训，并介绍了很多新客户。这些精心准备的增值服务不仅提升了商场服务的转化率和复购率，还为笔者赢得了客户的信任和长期合作的可能性。

这个案例凸显了销售准备的一个关键原则：想要成功，不要害怕被拒绝；你要想的是，如何通过自身的专业能力为你的客户创造价值。深入了解客户的具体需求和所面临的挑战并为其提供具体且有价值的解决方案，可以为你赢得信任、尊重和长期合作的机会。提前了解市场，做好充足的准备不仅是提高销售效率的法宝，更是建立牢固客户关系的核心策略。

（3）深入了解客户背景以制定个性化解决方案

深入研究客户的业务、历史和需求对于制定有效的个性化解决方案至关重要。通过了解客户的业务模式、市场定位、面临的挑战以及特定问题和期望，你能更好地理解他们的需求和痛点。这种深刻的洞见使得销售过程更具针对性，有助于建立更紧密的客户关系。倾听客户的声音并提供有针对性的解决方案，不仅能够提升销售效率，也有助于建立长期的信任和合作关系。

例如，笔者曾与家装行业的一个龙头企业合作。它的需求是为各个渠道的销售负责人进行集中培训，以带领团队完成年底前的业绩冲刺。企业相关负责人通知笔者提供为期 7 天的培训课程方案和报价，并告知还有其他竞争者一起参与，企业领导将综合考虑后再做决定。

面对这个挑战，笔者并没有立即提交标准化的课程方案和报价，而是选择了一种更主动、更深入的方法。笔者主动与企业沟通，提出在制定课程方案之前，希望能进行一天的实地销售诊断，以获得对企业实际需求的深入了解。这种主动性和专业态度得到了企业的高度认可，企业 HR 负责人迅速为笔者安排了与各个渠道的销售负责人深入沟通的机会。在一天的诊断中，笔者不仅深入了解和分析了家装行业的市场趋势和客户行为，还特别关注了该企业的销售流程、团队结构和具体挑战。这些宝贵的信息使笔者能够制定出既符合市场趋势又符合企业实际需求的定制化销售培训方案。

笔者的主动性和深入企业的方法展示了对企业特定挑战的关注和理解，有助于与企业建立信任和可信赖的关系。最终，笔者团队的方案在众多竞争者中脱颖而出，得到了企业的认可。这次的合作不仅涉及 2023 年年底前的培训，还延伸到新的一年的系统课程培训。

这一案例证明了在销售过程中，主动性和对市场情况的深入理解非常重要。对客户需求精确把握并提供个性化解决方案，可以显著提高销售成功率并建立长期的客户关系。

总的来说，实现销售准备的基本要素不仅可以提升我们的专业水平，也为成功的销售沟通奠定了坚实的基础。通过对产品和服务的深入了解、对客户背景的深入研究以及对市场的全面认识，我们可以更自信、更有效地与客户沟通，从而提高销售成功的可能性。

4.2 利用 ChatGPT 进行销售准备

销售的核心不仅仅在于提供优质的产品或服务，更多地在于能够理解和满足客户的真实需求和期望。本节将聚焦如何借助 ChatGPT 高效地分析客户信息、模拟实际的销售场景、预见潜在的挑战与机会。如果你熟练地掌握了利用 ChatGPT 进行销售准备的技能，你就能够更好地把相关的洞见转化为销售上的胜利。

4.2.1 实战策略：如何使用 ChatGPT 进行有效的销售准备

在销售过程中，了解市场动态、客户需求、竞争对手策略等是非常关键的。利用 ChatGPT 可以显著提高收集这些信息、制定相关策略的效率。下面将介绍几个实用策略，指导你高效地使用 ChatGPT 进行销售准备。

1. 明确你的目标

在使用 ChatGPT 之前，首先要明确你想了解的内容。有了明确的目标，你可以更有针对性地提问，从而获得更为精确和有用的答案。举例来说，如果你的目标是增强某一产品线的销售力度，那么你需要明确你的目标客户群体和细分市场。这样做将使你能够更有针对性地利用 ChatGPT，以获取关于目标市场的关键信息，比如行业趋势和消费者偏好等。通过明确目标，你也可以更有针对性地让 ChatGPT 来支持你进行市场分析、制定策略。

假设你是一家健身器材公司的销售经理，现在的目标是提高新款跑步机的销售额。

你可以向 ChatGPT 提出以下问题，以更好地定位目标客户群体和市场。

"在家健身的趋势目前是什么样的？"

"消费者最看重家用跑步机的哪些特性？"

"有哪些特定的消费者更愿意在家中使用跑步机？"

"有什么成功的市场推广策略可以在健身器材行业中应用？"

"如何有效地说服潜在客户购买我们的跑步机？"

通过上述问题，你可以让 ChatGPT 帮助你更精确地了解你的目标市场、制定更有效的销售策略，从而提高新款跑步机的销售业绩。

2. 提前列出问题

虽然 ChatGPT 能够迅速回应你提出的问题，但在与其交流之前提前整理并列出你想要解决的问题，是确保进行全面、系统的销售准备的关键步骤。采用这种方法可以帮助你避免漏掉任何关键信息，从而使你的销售准备更加高效、更有针对性。

假设你正在准备推销一款新的企业级软件产品，你可以考虑使用下面的问题清单。

"企业客户在选择软件产品时最看重哪些因素？"

"当前企业级软件市场中有哪些主要趋势？"

“在企业级软件产品的销售过程中，常见的挑战是什么？”

“如何有效消除对价格敏感的客户的顾虑？”

“销售企业级软件产品时，我可能会面对企业的多位决策者，我该如何与他们有效沟通？”

利用 ChatGPT 能够帮助你针对销售过程中可能遇到的各种问题和挑战做出准备。通过提前列出问题，你可以在实际销售中迅速、有效地回应客户的各种疑问和需求。

小提醒：如何有效地列出问题清单

创建有效的问题清单需要一种系统性方法，它可以帮助你在与 ChatGPT 交流时目的性更强、更加高效。以下是制定问题清单的步骤。

（1）确定销售目标和需求

首先，明确你的销售目标。这可能涉及提高特定产品的销售量、进入新市场或提升客户满意度等。同时，确定需要收集的信息类型，如市场趋势、竞争对手分析、目标客户需求等。

（2）研究和分析

其次，在列出具体问题之前，进行基础性研究，包括了解你的产品或服务、目标市场和潜在客户。同时，分析你目前所拥有的信息和缺失的信息，这将帮助你明确需要 ChatGPT 提供的内容。

（3）制定具体问题

之后，基于你的销售目标和研究结果，开始列出具体问题。问题应该详细、有针对性，能够直接帮助你应对实际的销售挑战，或提高销售效率。

（4）将问题分类

将问题按照主题或类别进行分类或组织，比如将问题划分为市场趋势、客户洞察、销售策略等。优先考虑那些对销售影响最大的问题。

（5）审视和调整问题

最后，审视你的问题清单，看看每个问题是否都是为了实现你的销售目标而设。根据需要对问题进行调整，这样问题清单会既全面又有针对性。

3. 利用 ChatGPT 进行深入探讨

在使用 ChatGPT 进行销售准备时，重要的不只是获取信息，更关键的是如何深度挖掘和应用信息。不要满足于 ChatGPT 给出的初级答案，而应进行深入探讨，让其为你的销售策略提供更丰富的维度。

策略 1：构建深刻问题

示例

初级问题：“哪些因素影响客户选择健身器材？”

深刻问题：“对于预算有限的家庭，我们的健身器材应该如何突出性价比？”

策略 2：结合情景分析

应用情景：“如果客户担心产品复杂难用，我们应该如何简化操作，并有效地传达相关信息？”

策略 3：探索销售障碍和寻求解决方案

探索销售障碍：“在销售高端健身设备时，来自客户的常见的反对意见是什么？”

寻求解决方案：“在销售高端健身设备时，针对客户的反对意见，我们可以提供什么样的解决方案？”

通过以上策略，你可以利用 ChatGPT 进行更加深入的探讨，让其为你的销售策略提供更多元的角度、更加深刻的见解。

4.2.2 案例分析：利用 ChatGPT 进行客户拜访准备

在销售过程中，成功的客户拜访是至关重要的一环。这一环节要求我们深入了解客户需求、建立牢固的信任关系，并有效地应对潜在问题和挑战。本节将通过案例 4-1 展示如何利用 ChatGPT 最大化拜访客户的成功率和效果，帮助你在拜访客户时更加自信，从而提高销售业绩。通过 W 女士与 ChatGPT 的互动，我们将深入探讨如何利用 ChatGPT 的智能洞察力，更好地满足客户需求、丰富销售专业知识，以及成功应对可能出现的挑战。

案例 4-1　W 女士寻求 ChatGPT 的帮助

W 女士是一家医疗设备公司的销售经理，她与目标医院已有两次成功的合作。此次，她准备向该医院推销一种创新的医疗影像设备。

在销售准备中，她与 ChatGPT 进行了对话，希望 ChatGPT 能够协助她深入了解客户的需求，提前做好客户分析和销售准备工作。以下是对话记录。

1. 了解客户需求

W 女士："我是一家医疗设备公司的销售经理，目前准备向与我们已有两次成功合作的医院推销一款新型医疗影像设备。之前的合作中，医院对我们的产品和服务表示满意。现在，我想问问如何更加深入地了解客户的实际需求并与客户建立更紧密的联系呢？

小提示：在向 ChatGPT 提问时，别忘记提供背景信息。

ChatGPT："你可以从以下几个方面入手。首先，你可以安排一次深入的产品培训或研讨会。通过实地演示，听取客户的反馈，了解客户的实际需求。其次，定期地跟进和沟通，了解客户在使用产品过程中遇到的问题和需求变化。最后，邀请客户参加你们公司的相关活动或研讨会，加深双方的了解和合作。"

2. 建立信任

W 女士："我认为与采购经理进一步建立深度的信任是非常关键的。有没有什么方法可以强化我们的关系并加深信任呢？"

ChatGPT："首先，提及你们之前的合作经历和成功案例，强调对方的积极反馈，这能为你加分。其次，确保你对新产品的每个细节都了如指掌，以便迅速回答他们的任何问题。同时，展示你对他们实际需求的了解，让他们感受到你为他们量身定制的服务。"

3. 提前预测问题

W 女士："考虑到我们与该医院已有合作基础，如果我推销这款新的医疗设备，采购经理可能会有哪些疑虑或问题？"

ChatGPT："采购经理可能会关心这款设备与之前合作的产品相比有何差异、优势，以及产品的性能、稳定性和价格。也可能会询问产品的售后服务和技术支持。"

W 女士："如果他谈及想与其他供应商合作，我应该如何处理？"

ChatGPT："首先，尊重他的选择，不要直接贬低其他供应商。你可以询问他希望在新设备中得到哪些改进或性能，并根据这些反馈强调你的产品优势。这样既展现了尊重，也把话题引回了你的产品。

其次，当他提到可能与其他供应商合作时，你可以这样回应：

'我完全理解并尊重贵院的决策。请问您希望在新的设备上看到哪些特定的改进或特点吗？因为我们的产品在某些方面具有独特的优势，可能正是您所需要的。'这样的回应不仅展现了你的尊重，还将对话的焦点重新引向了你所推销的产品。"

W 女士："如果客户表示他目前没有考虑购买新仪器，我应该如何回应？"

ChatGPT："如果客户这么表示，首先你需要表示理解他的考虑和疑虑。然后，你可以询问为什么目前没有购买的打算，或者有什么特定的担忧。这样做可以为你提供更多的信息来制定下一步的策略。此外，你可以考虑提供免费的试用机会或者安排一次演示，让他亲自体验产品的优势，或者安排一个技术研讨会让客户了解更多关于产品的信息。”

ChatGPT 还可以提供对话情境示范。下面是 ChatGPT 给出的 W 女士和采购经理之间的对话示范。你可以将其作为参考去应对采购经理可能会提出的问题。

采购经理：“W 女士，很感谢你的介绍，但是我们目前没有购买新设备的计划。”

W 女士：“我理解。您能分享一下是有什么特定的原因或考虑吗？因为我们希望了解您的具体需求和疑虑，这样可以帮助我们为贵院提供更好的服务和解决方案。”

采购经理：“主要是预算问题。此外，目前使用的设备还在保修期内。”

W 女士：“我明白了。关于预算问题，我们其实有分期付款方案或其他优惠政策。至于现有设备，虽然它们还在保修期内，但考虑医疗技术的快速发展，新的设备可能会为医院带来更大的长期价值和更高的患者满意度。如果可以的话，我们愿意提供一个产品免费试用的机会，或举办一个技术研讨会，让您的团队了解我们设备的先进性和优势。您觉得怎么样？”

4. 产品对比

W 女士：“如果与其他竞争对手相比，我应该如何强调我们产品的优势？”

ChatGPT：“首先，您可以列出与竞争对手相比您的产品在技术上的优势或独特功能。然后，从客户需求出发，讲述为什么这些优势对他们尤为重要。此外，客户案例和成功故事也是很有说服力的。

您可以这样说：‘与其他竞品相比，我们的医疗影像设备在图像清晰度、用户友好性和技术支持上有明显的优势。例如，我们采用的是最新的 XX 技术，可以为医生提供更准确的图像，帮助他们更准确地诊断。并且我们有专业的技术团队随时为您提供支持，确保您在使用中遇到的任何问题都可以得到及时解决。'”

5. 展示产品的长期价值

W 女士："客户经常关注的是短期的投入和回报，但我认为我们的设备从长远来看有更大的价值。我应该如何展示这一点？"

ChatGPT："您可以从以下几个方面来展示。首先，强调设备的技术先进性，它将在未来几年保持领先地位，使医院不需要频繁地更换设备。其次，提及设备的稳定性和少量的维护需求，这意味着更低的长期运营成本。最后，展示一些长期合作的客户的反馈，证明设备的长期价值。"

ChatGPT 可以继续模拟 W 女士与采购经理的对话，让你融入实际的销售情境。

采购经理："我们确实对这款设备感兴趣，但是价格相对较高。考虑到我们短期内的预算，我不确定是否现在就进行采购。"

W 女士："我完全理解您对短期投入的考虑，但请允许我分享一下从长远来看这款设备的价值。首先，这款设备在技术上是当前市场上最先进的，其技术的领先性保证了在未来几年里，它仍然可以与其他较新的医疗设备媲美，这意味着医院在接下来的几年内不必为了追求更好的技术而频繁地更换设备。

其次，我们的设备在使用过程中非常稳定，维护需求少。这将为医院节省大量的长期运营成本，尤其是在维护和修理方面。

最后，我们与多家医院都有着长期的合作关系。他们对我们的设备非常满意，特别是从长远的角度看，设备为他们节省了大量的成本并提高了医疗服务质量。我可以为您提供一些案例和客户的反馈，以说明设备的长期价值。

虽然这款设备的初期投入相对较高，但从长远来看，它为医院带来的回报和价值远远超过这个价格。”

6. 定价策略

W 女士：“我们的产品定价相对较高，但我相信它的价值远高于价格。我应该如何应对客户关于价格方面的疑虑？”

ChatGPT：“您可以从产品的长期投资回报、稳定性、如何帮助客户节省在后续维护上的费用和其他增值服务来说明。同时，可以根据客户的预算考虑提供一定的优惠或分期付款方案，使产品更具吸引力。

您可以这样说：‘虽然我们的产品定价稍高，但请考虑它带来的长期效益，其高级功能和稳定性意味着未来更少的维护成本和升级成本。我们也提供了灵活的分期付款方案来配合您的预算，并确保为其投入的每一分钱都物超所值。’”

7. 持续维护客户关系

W 女士：“如果完成这笔订单，我应该如何与客户保持良好的关系？”

ChatGPT：“首先，确保交付后设备的安装、培训和初次使用过程都顺畅无误，这是建立信任的关键。接下来，建议您定期跟进，了解设备的使用情况、是否满足客户的需求、是否存在任何操作问题。您可以考虑每月或每季度发一次邮件或进行一次电话询问，确保客户对产品感到满意。此外，发送与客户相关的行业资讯、产品升级信息或使用技巧也是一个好方法，这不仅能提供持续的价值，还能展示您的关心和专业性（但请注意不要频繁发送信息去打扰客户）。最后，可以考虑定期邀请客户参加研讨会、产品演示会议或公司活动，加强与他们的联系并维持良好的关系。”

W 女士：“如果后期我想邀请客户参加研讨会等活动，我该如何邀请呢？”

ChatGPT：“邀请客户参加研讨会或相关活动是一个与他们建立长期关系的绝佳方式。以下是邀请的建议和步骤。

- **明确活动目的**

在邀请前，先明确活动的目的：是为了介绍新产品、分享行业动态、培训客户使用产品，还是仅仅为了加深双方的关系。

- **提前通知**

确保客户有足够的时间来调整他们的日程。一般来说，提前三周到一个月通知客户是合适的。

- **准备正式邀请函**

格式：可以是电子邮件、纸质邀请函或是电话邀请。

内容：简单明了地描述活动的日期、具体时间、地点和主题。如果有特邀嘉宾或明星讲师，也可以在邀请函中提及，以增强吸引力。

- **提供附加价值**

思考一下如何为客户提供额外的价值，例如，为出席者提供特别优惠、赠品或一对一的专家咨询服务。

- **个性化邀请**

如果可能，对每位客户进行个性化邀请，表明你真正关心并了解客户的需求。

- **提醒**

在活动前一周再次提醒客户，确保他们不会忘记参加。

- **回访**

活动结束后，及时回访参加活动的客户，询问他们对活动的意见和建议，以便在未来做出改进。

总的来说，关键是要展现你真正关心客户，以及你的专业和用心。这样不仅可以提高客户的参与度，还可以加强与他们的关系。”

W 女士：“请告诉我具体如何邀约。请示范一下。”

ChatGPT：“**电话形式**

您好，[客户姓名]，我是 [名字]，来自 [公司名称]。我打电话是想告诉您，我们在 [日期] 有一个 [活动名称]，会涉及 [活动主题或有关活动的简短描述]。考虑到您的需求和我们过去的合作，我认为您会对此非常感兴趣。您那天有时间吗？我认为这是一个很好的机会，能为我们进一步合作提供思路。

短信或微信形式

您好，[客户姓名]！我们在 [日期] 在 [地点] 举办 [活动名称]，涉及 [活动主题或有关活动的简短描述]。我认为您会非常感兴趣。希望您可以参加！如需详细信息，请随时与我联系。

邮件形式

主题：邀请您参加 [活动名称]

尊敬的 [客户姓名]：

我们非常高兴地通知您，[公司名称] 将于 [日期] 在 [地点] 举办 [活动名称]。考虑到您在行业中的重要地位以及与我们的长期合作关系，我们诚挚地邀请您参加此次活动。该活动将涵盖 [活动主题或有关活动的简短描述]。

我们相信，这将是一个对双方都有益的交流机会。请于 [截止日期] 前回复此邮件，以便我们为您预留席位。

期待在活动中与您见面！

[您的职位][您的名字]

[联系电话]”

8. 客户反馈与改进

W 女士：“如何充分利用客户反馈，为我们的产品和服务带来改进？”

ChatGPT：“首先，确保每次售后服务后记录好客户的反馈或建议。然后，定期与技术团队和研发团队沟通，将这些反馈或建议转化为具体的产品改进或新功能。此外，定期告知客户你们是如何根据他们的反馈或建议进行改进的，这样可以加深客户对你们的信任感。

您可以这样说：‘我们非常珍视每一位客户的反馈，因为这将帮助我们不断进步。每次收到建议，我们都会与技术团队讨论，看看如何在下一个版本中加以改进。事实上，我们最新的几个功能就是基于贵院之前的反馈而来。对于您之前和现在提出的宝贵意见和建议，我们想再次表示感谢。请问这次还有其他的建议或想法吗？’”

9. 优化售后服务

W 女士：“售后服务对于医疗设备的销售来说非常关键，我应该如何强调我们的售后服务优势？”

ChatGPT：“您可以从以下几个方面来强调。首先，强调你们技术团队的能力和响应速度，确保客户在使用设备时能够得到及时的技术支持。其次，提及你们的维护和升级服务，能使设备始终保持最佳状态。最后，提供一些实际的成功案例，证明你们在售后服务上的实力。”

10. 有效的结束语

结束语在沟通中起着重要作用，尤其是在销售场景中。一个好的结束语应满足以下几个要点。

- **感谢对方的时间：**真诚地感谢对方能够花时间了解你的产品，可以表达你对客户以及客户时间的尊重，让客户看到你的专业能力和敬业精神。
- **重申产品或服务的价值：**简短地强调产品或服务的核心优势，让这种优势给客户留下深刻的印象。
- **提供联系方式：**确保客户知道在需要时如何联系你。
- **表达期待再次交流的愿望：**表达期待再次交流的愿望可以加深双方的关系，并为未来的沟通打下基础。

- **保持积极和礼貌的态度：**无论会谈结果如何，始终保持积极和礼貌的态度。

将这些要点融合到 W 女士的销售场景中，可以让结束语更为专业，并给人留下更加深刻的印象。下面是 ChatGPT 为 W 女士提供的结束语。

W 女士："请问，在结束这次拜访时，我应该如何与对方道别，以留下良好的印象？"

ChatGPT："谢谢您今天为我抽出宝贵时间，了解我们的新医疗影像设备。我相信这一设备从长远来看对贵院将有非常大的价值。如果后续您有任何疑问或需要更多的信息，请随时联系我。期待我们下次的沟通和合作。祝您工作顺利！再见。"

通过案例 4-1，我们深入了解了如何利用 ChatGPT 进行拜访客户前的销售准备，学习了如何在了解客户需求、建立信任、提前预测问题、持续维护客户关系等方面进行有效的销售准备。运用 ChatGPT 提供的方法、深入学习 ChatGPT 给出的沟通示范有助于我们在拜访客户前做好充分的准备，更好地回应客户的需求，提高成功销售的可能性。

4.2.3 面对复杂情境的销售准备

在 4.2.2 中，我们通过案例 4-1 展示了如何利用 ChatGPT 进行销售准备，对于可能遇到的问题如何提前制定应对策略。这种销售准备适用于大部分的销售场景。但在某些特殊或复杂的情境下，你需要做出更为深入和细致的准备，因为面对这些特殊情境时，你往往会承受更大的压力，遭遇更多的不确定性，面临更大的挑战。这时，你需要准备更丰富的信息、更精准的策略，并做出更迅速的反应。ChatGPT 能在这种情况下为我们提供有力的支持，帮助我们迅速找到答案、制定策略，并做出决策。

在本节中，我们将通过案例 4-2，看看 E 女士是如何在一个紧急和复杂的情境下，利用 ChatGPT 快速获得答案，做好销售准备，并成功应对挑战的。

案例 4-2　E 女士的紧急谈判

E 女士是一家知名企业的创始人，她正面临一个紧急的商业谈判——与一家大型酒店商谈合作并签订一份重要合同。她明白，成功的关键不只在于她的公司能够提供优质产品和服务，还在于深入理解酒店的真实需求并与其建立深度连接。下面，我们看看 E 女士是如何使用 ChatGPT 来进行销售准备、优化沟通策略的。在这之前，我们先了解一下 E 女士的背景和遇到的困境。

背景信息： E 女士是一位经营高端门窗制造业务的企业家，她对市场动态总是保持着敏锐的感知力。最近，她看准了被动式节能房（后简称“被动房”）领域的商机并决定拓展相关业务。有一天，她得知当地的一家知名酒店正打算引入被动房技术。对于 E 女士来说，这无疑是拓展业务的巨大机会。但事情的发展并不如她所愿，当地酒店已与另一家公司进入了谈判的最后阶段，即将签约。

最让 E 女士意外的是，即将与酒店签约的那家公司使用的产品正是 E 女士供应的。这家公司一直与 E 女士有业务往来，但没有将与酒店合作的信息告知她。得知这一情况后，E 女士决定不能坐以待毙。

E 女士立刻行动，联系了酒店的采购部门，并邀请酒店的总经理和采购经理一同前来参观她的工厂。

在酒店的总经理和采购经理参观工厂之前，E 女士意识到，对于这次的紧急谈判，她需要做好充分的准备。为了确保谈判的顺利进行，E 女士计划利用 ChatGPT 获得一些谈判方面的具体建议。她希望借助 ChatGPT 的智能分析和实用建议，获得应对潜在问题的策略，以提高谈判的成功率。通过 ChatGPT

的帮助，E 女士期望在与酒店负责人的交流中展现专业素养，能够针对酒店的具体需求提供切实可行的解决方案，得到酒店负责人的青睐，扭转目前的不利形势。

E 女士将自己的背景信息、事件情况和她所面临的问题输入 ChatGPT，以获取有关应对紧急谈判的建议和指导。

E 女士："我是一位高端门窗制造领域的企业家。我刚刚了解到，当地一家知名酒店计划引入被动房技术。而酒店即将与另一家公司签约。有趣的是，即将与酒店签约的那家公司的产品正是我的公司提供的。虽然我们一直保持着业务关系，但对方并没有告知我其与酒店合作的计划。我希望能有机会邀请这家酒店的总经理和采购经理参观我公司的工厂，以争取一次合作机会。面对这次紧急谈判，你能否提供一些落地的具体建议，告诉我如何与酒店的总经理和采购经理进行有效的沟通，并获得他们的认可。同时，能否为我提供一些话术？"

ChatGPT："面对这个紧急情况，以下是一些建议，以及一些可能有助于您与酒店总经理和采购经理进行交流的示范话术。

建议 1：制定明确的策略

在与酒店总经理和采购经理交流之前，首先制定明确的策略，以强调您的产品价值和其他竞争优势。

- **产品质量和性能：**突出您的产品在质量和性能方面的优势，以确保酒店在选择供应商时能够选择最优产品。
- **客户支持和售后服务：**强调您的客户支持团队和售后服务，以确保酒店在使用您的产品时能够得到及时的支持和维护。
- **定制解决方案：**如果可能，提供定制的门窗解决方案，以满足酒店的特定需求。

- **成本效益**：提供具有竞争力的价格，强调您的产品的成本效益。

建议 2：预备好谈判材料

准备一份详细的提案，其中包括您的产品信息、价格、交付时间、售后服务和任何其他相关信息。这样您可以清晰、简洁地传达相关信息。

建议 3：与客户预约会面

首先，尝试与酒店总经理和采购经理预约一次会面。下面是一个话术示范。

正式致谢与表达感激

‘X 总、X 经理，你们好。首先，非常感谢你们在百忙之中抽出时间来参观我们的工厂。我知道这样的决定并不容易，尤其是在签约的关键时刻。’

强调您的专业性与背景

‘作为这个行业的专业人士，我对高端门窗制造领域有着深入的了解。尽管我们在被动房技术领域还是新手，但我们对产品的质量和工艺都有着严格的控制。更为重要的是，一些业内的合作伙伴，包括即将与你们签约的那家公司，使用的一些核心产品都是由我们提供的。这也证明了我们的产品质量和可靠性。’

强调紧迫性与积极态度

‘我明白目前时间非常紧迫，并且你们已经与另一家公司走到了签约前的最后阶段。但正因为这样，我更希望我们今天的交流和工厂参观能为你们提供另一个有吸引力的选择。我们真诚地希望与你们建立长期的合作关系，我坚信我们的产品和服务能为贵酒店提供独特的价值，满足酒店的高标准要求。’

直接询问关键信息

‘X 总、X 经理，我很想知道在这次合作中，你们最为关注的是哪些方面，是产品的质量、价格、服务，还是交货时间？我希望了解你们的主要考量，这样我们可以更好地满足你们的需求。’

建立和维护与采购经理的关系

‘X 经理，作为此次合作的关键联系人，您的意见和建议对我们非常重要。如果有任何疑虑或需要进一步了解的地方，我和我的团队都会尽力为您提供满意的答案。’”

E 女士：“请解释这 5 条建议背后的原因，以便我在未来的其他情境中也能够借鉴和应用。”

ChatGPT：“当然，每一条建议背后的理由都是基于人际交往、谈判策略和心理学的原理。以下是每条建议背后的深层次原因。

正式致谢与表达感激

理由：感谢和认可是建立初始信任的重要步骤。表示感激，意味着您认识到对方为了会面所做的努力和牺牲，这样可以增强对方与您交往的舒适感，从而促进后续的交流。

强调您的专业性与背景

理由：在商业谈判中，展示自己的资质和背景能够增强对方的信任感。当对方知道他们正在与行业内的专家或有经验的合作伙伴交谈时，他们更可能听取您的建议或考虑您的提议。

强调紧迫性与积极态度

理由：人们常常因为有限的时间和机会感到压力，“不想错过”的心理可以激发他们采取行动。同时，积极的态度表明您对合作的真诚与热情，可以增强对方与您合作的意愿。

直接询问关键信息

理由：这种直接的提问方式可以迅速获取对方真正关心的点，而不会在不相关的话题上浪费时间。此外，这还表明您真正关心对方的需求和期望，能够更精确地提供解决方案或建议。

建立和维护与采购经理的关系

理由：在多方参与的谈判中，每一位决策者都很重要。给予采购经理足够的关注和尊重，可以确保他在整个合作过程中起到桥梁的作用。而且，与关键角色建立良好的关系也有助于长期合作并获得其他潜在的业务机会。

回顾案例 4-2，我们能够看到 E 女士在销售过程中采取了一系列成功的策略。以下是从 E 女士的行动中我们可以学习和借鉴的要点。

- **抓住时机。**E 女士行动果断、迅速，无论是获取信息还是制订下一步计划，都体现了她的敏锐性和决策力。她的这种敏锐性和决策力对于销售的成功至关重要。
- **展示企业实力。**邀请酒店高层参观工厂是一个非常明智的决定。这不仅可以展示其企业的实力，还可以建立和加深双方的关系，为后续的谈判和合作打下基础。
- **充分利用信息优势。**E 女士得知酒店与另一家公司即将签约，而这家公司使用的核心产品正是她的产品。这一信息为 E 女士提供了与酒店谈判的有力论据。
- **建立深度的互信关系。**邀请酒店高层参观工厂不仅是为了展示企业实力，更重要的是通过这种方式与酒店建立起深度的信任。在销售中，信任可以大大降低交易的不确定性，为双方提供更为稳定的合作基础。
- **敬业且不放弃。**尽管 E 女士知道酒店即将与另一家公司合作，她仍然保持了敬业精神和积极的态度。在面对困难时的坚持不懈和不轻言放弃是销售中极为重要的素质。

通过案例 4-2，我们可以看到销售不只是简单的交易行为，它涉及深入的思考、策略规划以及持续的努力。销售领域充满了各种不可预测的挑战，在关键时刻，ChatGPT 可以为你提供及时且重要的建议，帮助你做出更充分的销售准备，更好地规划应对潜在问题的策略，以适应不同的场景和销售对象，从而把握每一个商机，提高商业谈判的成功率。

小提醒：还可以向 ChatGPT 提供哪些背景信息

提供详细的背景信息在与 ChatGPT 的互动中至关重要。尽管前面提到了这一点，但结合案例 4-2，想再次强调背景信息在销售准备过程中的重要性，目的是帮助你从 ChatGPT 中获得更大的帮助。

在案例 4-2 中，如果 E 女士能够提供更多关于自己公司的历史、产品优势、与其他公司的合作关系等详细信息，ChatGPT 的回答将更为深入、细致。此外，如果她针对酒店方面的需求和关切点，或她之前的相关沟通经验给出更详细的描述，ChatGPT 能为她的销售准备提供更为精准的沟通策略。为了使背景信息更加详尽，E 女士可以在背景信息中增加以下信息。

- **企业历程。** E 女士的企业已经经营了多少年？它在高端门窗制造领域中的成就是什么？比如，她的企业在过去 10 年中，已经为 30 多家知名建筑公司提供了高品质的门窗。
- **技术研发情况。** 虽然 E 女士近期才决定拓展被动房业务，但她的团队在技术研发上已经做了哪些努力？团队是否进行了前期技术调研，或者是否与专家合作，为拓展这一业务做了充分准备？
- **客户反馈。** 在门窗制造领域，E 女士的企业得到了怎样的客户反馈？是否有客户愿意为其提供正面的评价或推荐？
- **企业文化和价值观。** E 女士的企业有哪些核心的价值观？例如，向 ChatGPT 列举重视对客户的承诺、追求高品质、追求创新等价值观，可以帮助 ChatGPT 了解 E 女士的企业经营理念和值得信赖的原因，从而给出更加贴近企业文化和价值观的建议。
- **成功案例。** 在高端门窗制造领域中，E 女士的企业有没有一些特别成功的案例或具有代表性的案例？列举这些案例可以充分展示其产品和服务的优势，让 ChatGPT 针对这些案例总结出更为精准的准备策略。

总之，加入以上背景信息后，ChatGPT 可以为 E 女士与酒店的谈判提供更多的论点和论据，使她的提议更具说服力。
因此，当你寻求 ChatGPT 的帮助，让其为你的销售工作提供建议时，应尽量提供以下内容。

- **具体的需求。**明确地描述你的目的和需要取得的结果。
- **相关的背景信息。**提供你和你的公司的背景信息，包括公司历史、具体业务、产品或服务等。
- **涉及方及相关信息。**告知 ChatGPT 你希望与谁沟通或合作，他们的背景、需求和关切点是什么。
- **以往的经验和互动。**如果之前已经与销售对象有过沟通或合作，提供以往的经验和互动情况对于 ChatGPT 给出策略非常重要。
- **其他相关因素。**提供任何可能影响沟通或决策的外部因素，如时间限制、竞争态势等。

提供上述信息后，我们可以更深入地运用 ChatGPT，让其提供的答案更加贴近实际情境。借助它所提供的策略和建议，你可以更有效地做好销售准备，更好地预判和应对可能出现的问题和挑战，把握住各种机会。

总而言之，销售不只是产品和货币的交换，它更关乎策略的制定、客户需求的洞察和信任的建立，而这一切都离不开充分的销售准备。本章深入剖析了 ChatGPT 如何助力我们进行销售准备，并通过案例阐述了拜访客户前和进行紧急商业谈判前的准备策略。案例 4-1 和案例 4-2 也生动展示了 ChatGPT 在销售准备中为我们带来的实用价值。随着技术的进步，ChatGPT 等 AI 工具能够为销售的各个环节提供强大的后盾，帮助我们更加精准地应对各种销售情境和挑战，不错过任何一次机会。

在第 5 章，我们将介绍如何运用 ChatGPT 优化销售沟通。你将通过实际案例，亲身感受 ChatGPT 如何助力销售过程中各个环节的沟通，使与客户的沟通更为流畅、精准和高效。

第 5 章

运用 ChatGPT 优化销售沟通

沟通在销售中的重要性不言而喻。有效的沟通为我们搭建了桥梁，能够确保信息的传递、信任的建立、客户需求的了解和挖掘，以及产品价值的完整展示。为了提高沟通效果，人们正不断地寻找和采用更高效的沟通策略和沟通方法。

科技为我们带来了许多便利工具，帮助我们更好地沟通，ChatGPT 就是其中之一。本章将介绍如何运用 ChatGPT 来优化我们的销售沟通。无论是制定沟通策略、初次与客户接触、深入了解其需求，还是展示产品特性，ChatGPT 在每个环节都能提供强大的支持。在本章中，你将通过实际案例，亲身体验 ChatGPT 如何助力销售工作，使沟通更为顺畅、精准和高效。

下面，让我们一同深入探索如何充分使用 ChatGPT 来优化销售沟通、提升销售效果吧。

5.1　沟通策略

沟通策略是销售沟通的核心，它决定了你与客户的互动方式、信息的传递效率以及最终的沟通效果。一个好的沟通策略可以帮助销售人员更好地理解客户、更精准地传达信息、更有效地建立与客户的关系。本节将介绍如何制定有效的沟通策略，并借助 ChatGPT 来实现这些策略。

5.1.1　了解客户背景

了解客户背景不仅是销售沟通的起点，更是确保有效沟通的基石。只有充分了解客户，我们才能准确地推荐满足他们需求的产品或服务，并与其建立长期的合作关系。

想象一下，你走进一家咖啡店，店员不只是礼貌地欢迎你，还能记得你通常喜欢的咖啡类型。如果你之前和他们聊过天，他们可能会轻松地提起之前的对话，比如询问你最近是否看了上次提到的新电影或新书籍。这种对你喜好的记忆和对过往交流的微妙提及，展示了店员对顾客的关注，同时也展现了他们的专业性。这不仅让顾客感到自己被重视、被尊重，也创造了一种温馨的消费体验。这正是了解客户背景的魔力所在，它能在尊重顾客隐私的前提下，提供更个性化的服务体验。

同样，在销售过程中，如果你了解客户的背景、兴趣和需求，沟通会更加顺畅，你也会从一个普通的销售人员变成对方信赖的合作伙伴。

既然了解客户背景在销售中非常重要，那么，了解客户背景具体能带来哪些好处呢？

1. 建立信任与关系

人们倾向于与所信任的人做生意。了解客户背景和客户关心的事情可以帮助你建立这种信任。当你展现出对他们的了解和关心时，你与客户之间的关系将更加牢固。

2. 提高沟通效率

了解客户背景意味着你可以直接进入核心话题，避免不必要的对话“前奏”，这不仅可以节省你的时间，还可以让客户感受到你的专业和高效。

3. 预测客户需求

通过对客户背景的了解，你可以预测他们的需求，甚至在他们还没有明确提出这些需求之前就能为他们提供解决方案。这种主动性和高效性会给客户留下深刻的印象。

4. 降低冲突风险

了解客户的价值观、文化背景和偏好可以帮助你避免可能的冲突。例如，对于具有某些文化背景的客户，他们可能对某些事物敏感，因此提前了解相关信息可以帮助你在沟通中避免无意中触及他们的禁忌。

5. 增强自信心

如果你对客户有充分的了解，那么在与他们沟通时你会更加自信。这种自信可以让你在客户面前表现得更令人信服、更有说服力，能够帮助你更好地推荐产品或服务。

6. 增加销售机会

了解客户的需求和痛点可以帮助你更好地定位你的产品或服务，从而增加销售机会。

7. 提供个性化服务以提升客户满意度

在今天的市场环境中，个性化服务已经成为一种趋势。了解客户背景有助于提供与客户需求和期望相匹配的产品或服务，帮助你为客户提供更加个性化的服务，从而提高他们的满意度和忠诚度。

8. 奠定长期合作的基石

了解客户背景并根据这些信息提供服务是建立长期合作关系的基石。

既然在销售过程中了解客户背景非常重要，那么如何将上述相关知识应用到实际情境中呢？下面，我们将通过一个真实案例（案例 5-1）来探讨这个问题，并借助 ChatGPT 为你展示如何更有效地与客户沟通。

案例 5-1　Z 先生卖茶的故事

Z 先生是一位种茶专家，拥有一片质量上乘的茶山。他的茶因其独特的口感和品质受到了一些茶友的喜爱。在一次课程中，Z 先生遇到了 D 女士，她是一位心理咨询师。D 女士曾帮助 Z 先生解决了一个心理方面的难题，为了表示感谢，Z 先生经常送茶给 D 女士。

不久后，D 女士因工作需要计划开设一个小茶室。考虑到 Z 先生的茶叶品质和 Z 先生的人品，D 女士主动联系了 Z 先生，与他分享了即将开茶室的好消息，并询问有关茶叶购买事宜。她坦诚地表示，自己的茶室规模不大，希望能购买性价比高的茶叶；由于预算有限，过于昂贵的产品将不予考虑。

收到D女士的消息后，Z先生发了几个大拇指的点赞表情作为回应。过了一会儿，Z先生回复说："我晚点和你交流，早上和朋友上茶山。"

当天晚上，Z先生给D女士发了一个报价，但没有进一步询问她的具体需求和预算。

他在微信中回复道："D老师，你好。第一，性价比高的滇红茶是400元/公斤，10公斤起卖。此红茶不是我种植的，我仅仅是代找，这样价格的品质，我可以把关。第二，价格低于1000元/公斤的普洱熟茶、普洱生茶，我目前暂时提供不了，因为低于这个价格就满足不了我对品质的要求。个人建议，你的茶室以滇红茶为主就可以。"

D女士看到Z先生的回答后，感觉Z先生并不太在意她的需求，也不太在乎这一合作机会，于是就在网上找了其他茶商。

案例解析

在案例5-1中，D女士显然对Z先生的茶很感兴趣，她可以说是Z先生的潜在客户。然而，由于Z先生没有充分了解D女士的实际需求和预算，也没有真正关心她的感受，使得原本有可能留住的客户流失了。那么，这次沟通中到底哪里出了问题，从而导致了这样的结果呢？

1. 沟通态度不平等

当D女士兴奋地分享她即将开设茶室的消息时，Z先生仅仅用了几个大拇指的点赞表情来回应。虽然在某些社交场合中，这种简洁至极的反馈可能被视为正常，但在这种职业交流中，会被解读为"敷衍"，代表着缺乏关心或不够重视。一句简单的"恭喜您！"或"那真是个好消息！"会让D女士感到更受尊重、更受重视。

2. 缺失沟通的及时性

D 女士在主动联系 Z 先生后，自然希望能得到迅速的反馈，但 Z 先生因为其他事务没有当时回复。在商业环境中，快速响应往往代表着对客户的尊重和重视。尽管 Z 先生有合理的理由，但这种延迟让 D 女士感觉到自己的需求没有被优先考虑。如果客户感受到自己的需求没有得到及时的关注，他们会考虑转向其他供应商询价和购买。

3. 未深入挖掘客户的真实需求

在 D 女士提出需求后，Z 先生直接给出了报价，而没有进一步探询 D 女士的具体需求，如茶室的定位和风格、具体预算等。这种“一刀切”的答复并不完全符合 D 女士的实际需求，也让她感到自己被冷落。

4. 贸然地进行产品推介

在看到 D 女士的信息后，Z 先生没有进一步了解其具体需求和预算，就直接给出了产品建议。这种过于直接和轻率的推介方式，会让 D 女士觉得 Z 先生并没有真正地去理解和关心她的实际需求和情况。

5. 未充分利用已建立的信任

D 女士与 Z 先生之间已经建立了一定的信任关系，这种信任关系是双方之前互动的结果，是宝贵的资产；如果能够妥善利用，无疑会为双方的合作打下坚实的基础。但在沟通过程中，Z 先生忽略了这一点，采取了过于正式和商业化的态度。如果 Z 先生能更富有情感地与 D 女士交流，展现出对她的关心和尊重，会得到更好的沟通效果。

6. 交流缺乏人情味

在与 D 女士的沟通中，Z 先生过于强调自己的原则，如不会赚取额外利润和不提供低价产品，而忽略了与 D 女士之间已有的关系和信任。这种过于公式化的沟通方式，对 D 女士来说是一种间接的拒绝。

7. 推荐不合理

Z 先生在推荐产品时，建议产品的起购量为 10 公斤，这对于 D 女士即将开设的小茶室来说数量过大。Z 先生不仅没有充分考虑 D 女士的实际需求，还会让她感到不小的压力，甚至陷入尴尬的境地，不知如何婉转拒绝。

一个合理的产品推荐应该基于客户的实际情况，而不是单纯地推销大量的产品。这种不切实际的推荐，会让客户觉得销售人员并不真正理解他们的实际情况和需求。

在案例 5-1 中，我们可以清晰地看到销售沟通中的细节对沟通结果的影响。在数字化时代，ChatGPT 可以为我们提供即时的反馈和建议，帮助我们更好地与客户沟通。

想象一下，如果我们将 ChatGPT 应用到 Z 先生的销售沟通中，会是怎样的情景呢？下面是一个假设场景，在与 D 女士沟通之前，Z 先生先咨询了 ChatGPT。通过他与 ChatGPT 的对话，你将了解如何有效使用 ChatGPT 来优化销售沟通。

Z 先生与 ChatGPT 的对话

下面，我们将看到 Z 先生是如何使用 ChatGPT 来优化他的销售沟通和销售策略的。Z 先生首先向 ChatGPT 提供了详细的背景信息，这些信息不仅包括 D 女士的职业背景和她计划开设的茶室的类型，还包括他们之前的沟通内容以及他们之间的关系。这些背景信息为 ChatGPT 提供了丰富的上下文，使其能够给出更加精准和有针对性的建议。

> 我是一位茶专家，拥有一片质量上乘的茶山。在一次课程中，我遇到了 D 女士，她是一位心理咨询师，曾帮助我解决过心理方面的难题。为了表示感谢，我曾送茶给她。我刚刚看到 D 女士发来的消息，她想要开一个规模不大的小茶室。我应该如何回复，既能展现我的专业性，又能表达对她的尊重和关心？

解析：这个问题有效地结合了对专业性与人际关系的考虑，体现了在商业沟通中对销售人员的常见的双重要求。例如，如果你在业务中需要回复一个重要客户的询问，你应考虑如何在回复中既展示你的专业知识，又体现出对客户的尊重。这样的提问会引导 ChatGPT 提供的回答不仅仅能传递信息，还以尊重和关心客户的方式来回应客户的询问。这对于维护客户关系、展现自己的专业能力非常重要。

> 首先，您应该对 D 女士表示祝贺和关心。例如，您可以这样回复：“D 老师，很高兴听到您要开茶室的消息！这是一个很棒的决定。恭喜您！”接下来，您可以询问她关于茶室的更多细节，如预算、风格等，以便为她提供更为合适的建议。

> 我明白了。那我应该怎样询问 D 女士关于茶室的更多细节，以便更好地为她提供建议呢？

解析：这个问题展示了如何利用 ChatGPT 来准备与客户的对话。向 ChatGPT 提出这样的问题有助于获取具体的对话策略和询问技巧。例如，如果你准备与一个客户讨论一个新项目，可以向 ChatGPT 提出类似的问题，以获取关于如何提问以及如何引导对话的建议。通过这种方式，你就可以事先准备好更有针对性的问题来深入了解客户的需求和偏好，从而提供更加精准和个性化的建议或解决方案。

您可以采取一种咨询式的沟通方式，这样既可以了解 D 女士的需求，又不会让她感到压力。例如，您可以这样说："D 老师，我很想为您提供最合适的茶叶建议。您能告诉我您的茶室主要是什么风格吗？您希望茶室的茶叶主要满足什么样的客户群体？有没有预算上的考虑？这样我可以更有针对性地为您推荐。"这样的提问方式既展现了您的专业性，又让 D 女士感到被尊重和关心。

好的，我会这样询问 D 女士。如果她给出了具体的需求和预算，我应该如何根据她的信息为她提供合适的茶叶建议呢？

解析：这个问题反映了 Z 先生希望根据客户提供的具体信息来提供定制化的建议。向 ChatGPT 提出这样的问题非常有用，因为它可以帮助你获取基于特定需求和预算的沟通策略。比如，如果在实际业务中，客户给出了具体的需求和预算，你可以向 ChatGPT 提供这些信息，并询问如何根据这些信息提供最合适的产品或服务选项。ChatGPT 可以帮助你分析这些条件，并给出符合客户需求和预算的具体建议，从而提高销售沟通和销售策略的针对性和有效性。

当您了解了 D 女士的具体需求和预算后，您可以按照以下步骤为她提供建议。

确认需求：首先，再次确认 D 女士提供的信息，确保您完全理解她的需求。

提供建议：基于 D 女士的需求，您可以推荐几种茶叶，并解释为什么这些茶叶适合她的茶室。

提供样品：如果可能的话，您可以提供一些茶叶样品，让 D 女士亲自品尝，这样她可以更直观地了解您推荐的茶叶的品质。

提供优惠：考虑到您和 D 女士的友好关系，您可以为她提供一些特殊的优惠价格，以增强她的购买意愿。

持续沟通：在提供建议后，您可以定期与 D 女士沟通，了解她对您推荐的茶叶的反馈，以便进一步优化您的建议。

通过这样的方式，您不仅可以为 D 女士提供合适的茶叶建议，还可以进一步加深与她的合作关系。

明白了，但我还是希望能得到一些具体建议和相关话术。具体应该如何与 D 女士沟通，以及如何表达我的建议？

解析：这个问题展示了如何从 ChatGPT 获得具体的沟通技巧和话术。例如，如果你在实际的销售工作中遇到需要精确表达的场景，那么可以参照 Z 先生的提问方式，直接要求 ChatGPT 提供具体的话术或对话示例。这种直接且明确的提问方式有助于获得实用的沟通模板和具体建议，从而使你的销售沟通更加有效。

当然可以。基于您和 D 女士的关系和她的需求，我为您提供以下具体的沟通建议。

确认需求："D 老师，我已经仔细考虑了您的需求。为了确保我完全理解，您是希望找一种既有品质、性价比又高的茶叶，对吗？"

提供建议："基于您的茶室风格和目标客户，我认为滇红茶是一个不错的选择。它的口感醇厚，受到很多人的喜爱，而且性价比也相对较高。"

提供样品："如果您愿意，我可以为您提供一些滇红茶的样品，您可以先尝试一下，看看是否符合您的期望。"

提供优惠："考虑到我们之前的友好关系，如果您决定购买，我可以为您提供一些额外的优惠。"

持续沟通："无论您的决定如何，我都希望我们可以保持沟通。如果您对滇红茶有任何反馈或其他需求，我都会尽量满足。"

通过这样的沟通方式，您可以确保 D 女士感到被尊重和关心，同时也能展现出您的专业性。"

非常感谢你的建议。我会按照你的指导与 D 女士沟通，希望能够达成合作。

不用谢。祝您沟通顺利，希望您和 D 女士能够达成一个双赢的合作。如果您在沟通过程中遇到任何问题，随时可以找我。

小提醒：有效使用 ChatGPT 获取销售策略和销售建议

在使用 ChatGPT 获取销售策略和销售建议时，有以下几点需要注意。

提供详细背景信息

在向 ChatGPT 提问之前，尽可能详细地提供与你的销售情境相关的背景信息至关重要。背景信息可以包括客户的基本信息、过往沟通历史、具体需求和偏好等。例如，如前文所述，Z 先生向 ChatGPT 详细描述了 D 女士的情况，包括她的职业背景、茶室的类型，之前的沟通内容以及他们的关系。

明确地表述问题

明确地表述你所面临的问题或所需要的帮助非常重要。这涉及将问题简洁明了地表达出来，让问题更加具体、有针对性。

持续互动以优化建议

获得初步答案后，你可以继续与 ChatGPT 互动，围绕其建议提出更深入的问题，或寻求进一步的解释。如前文所述，Z 先生没有满足于 ChatGPT 的初步回答，而是进一步探询了具体的沟通建议和话术。

通过遵循上述要点，你可以更有效地利用 ChatGPT 来获取销售策略和销售建议。

在销售领域，了解客户背景的重要性不容忽视。正如本节开头提到的咖啡店的例子，当客户感到被重视和关心时，他们更有可能成为忠实的顾客，而案例 5-1 中 Z 先生的故事为我们带来了一个深刻的启示：即使之前与客户建立了信任关系，如果不能充分了解客户背景和实际需求并做出合适的回应，那么本来有希望成交的交易仍会遭遇挑战。

通过利用 ChatGPT，销售人员可以更加直观地认识到自己在沟通策略中可能存在的问题，并得到实时的建议和指导。如前文所述，ChatGPT 基于对 D 女士背景和需求的深入了解给出了实用、有效的建议，展示了了解客户背景在销售中的重要性。这些建议不仅帮助 Z 先生更好地满足了 D 女士的需求，还进一步巩固了他们之间的关系。基于案例 5-1，我们可以总结出了解客户背景在销售和客户关系管理中的 5 个关键作用。

- **建立信任与关系。**了解客户背景是建立信任和长期的互利关系的基石。
- **提高沟通效率与主动性。**了解客户背景可以提高沟通效率、预测需求，让你主动为客户提供解决方案。
- **避免冲突与提高自信。**了解客户背景可以降低冲突风险，增强自信。
- **增加销售机会与提供个性化服务。**了解客户背景有助于更好地定位产品或服务，为客户提供个性化的服务。
- **提高客户满意度与促成长期合作。**了解客户背景并根据这些信息提供服务能够提高客户满意度，促成与客户的长期合作。

销售不仅仅是一个交易行为，更是一个建立人与人之间关系的过程。无论我们的产品或服务有多好，如果我们不能了解客户的背景和真实需求，与客户建立真正的联系，那么我们的努力都可能无法达到预期效果。深入了解客户背景、真正理解他们的需求和期望，是每一个销售人员应该努力追求的目标。因此，我们应当深入了解客户，真正倾听他们的声音，确保每一次的沟通和交流都是真诚和有意义的。

本节的最后想与你分享一个“小提醒”。它与刚刚讨论的内容紧密相关，希望能为你在实际销售中提供更多的帮助。

小提醒：为什么要采取咨询式的沟通方式

当你在某个领域被视为专家时，采取咨询式的沟通方式不仅是一种策略，更是一种对客户的尊重。这是为什么呢？

作为一个专家，你拥有的不仅是产品知识，还有你对行业、市场和客户需求的深入理解。这意味着你不仅有能力为客户提供他们想要的，而且有能力为客户提供他们真正需要的。采取咨询式的沟通方式，即通过提问来与客户互动，有如下益处。

深入了解客户需求

当你通过提问来了解客户，你实际上是在进行一次深入的市场调研。你不是在猜测客户的需求，而是在实际了解他们的需求。这种深入的了解使你能够为客户提供更为精准的解决方案，而不是“一刀切”的解决方案。

建立信任与关系

人们更愿意与那些真正听取他们需求的人做生意。当你通过提问来了解客户，你展现出了对他们的尊重和关心。这种尊重和关心不仅可以加深你与客户之间的关系，还可以建立起深厚的信任。

避免压迫感

直接的销售策略往往会给客户带来压迫感，让他们感觉自己在被迫接受某种产品或服务；而咨询式的沟通方式则更为柔和，它让客户感觉他们在与你共同探讨一个问题，而不是被迫接受推销。

提高沟通效率

当你知道如何提出正确的问题时，你可以更快地找到客户的真正需求，从而更有效率且更有针对性地提供解决方案。

展现专业性

咨询式的沟通方式不仅可以帮助你更好地了解客户，还可以展现你的专业性。当你提出有深度的问题时，客户会认为你是一个领域行家，一个真正懂得他们需求的专家。

在案例 5-1 中，如果 Z 先生能够更早地通过咨询式的沟通方式来了解 D 女士的真正需求，那么他所提供的建议将更为贴切，更有可能满足 D 女士的期望。这不仅可以提高销售的成功率，还可以加深两人之间的信任关系。

总之，咨询式的沟通方式是一种非常有效的方式，它可以帮助你更好地了解客户，与之建立信任关系，并提供真正有价值的解决方案。

5.1.2　设定沟通目标

成功的销售沟通并不是随意或即兴的。为了确保每次与客户的交流都是高效且有成果的，我们需要为每次沟通设定明确的目标。目标导向不仅使沟通更加聚焦、更有针对性，而且为后续的评估和调整提供了基础。以下是在设定沟通目标的过程中应该注意的要点。

1. 明确沟通目标

在与客户沟通之前，明确沟通目标至关重要。明确沟通目标是指确定你希望通过沟通取得的具体成果或达到的效果，比如让客户了解新产品、消除客户疑虑、完成订单或与客户建立长期合作关系。明确的目标有助于聚焦沟通内容，提高信息传递的效率和有效性，同时为评估沟通成果提供评估标准。具体的沟通目标可以是如下内容。

- **让客户了解新产品或新服务：**确保客户了解产品的特点、优势及其如何满足他们的需求。
- **解答客户疑问：**针对客户的疑问或疑虑，提供详细的解释和说明，以增强客户信任，提升客户满意度。
- **促成购买决策：**加深客户对产品价值或服务价值的认识，引导他们做出购买决策。
- **收集客户反馈：**了解客户对产品或服务的看法，为未来的产品改进或服务改进提供依据。

2. 预测并准备应对可能的疑问

在与客户交流的过程中，他们可能会提出各种疑问。这些疑问可能涉及产品细节、合作条款，等等。提前预测并为这些疑问准备答案不仅能够让你在沟通中显得更加专业，还能增强客户对你的信赖。

3. 选择合适的沟通时机和沟通形式

选择与客户沟通的时机和形式至关重要。找到一个客户不受打扰、能够全神贯注的时间段进行沟通，有助于提高沟通效果。同时，根据客户的偏好和实际情况选择沟通形式。虽然电话或线上会议都有其优势，但当条件允许时，面对面的沟通形式往往更能加深双方之间的理解和信任。

设定沟通目标不仅是销售沟通的重要环节，也是确保沟通效果的关键。只有在明确了沟通目标的基础上，我们才能进行有针对性的沟通，从而更有效地推进销售进程。

下面的案例 5-2 能够帮助我们深入了解如何利用 ChatGPT 设定沟通目标。

案例 5-2　L 女士的一次销售拜访

L 女士是一家健康食品公司的销售。她即将拜访一家大型健身中心的经理，她希望能将公司的健康食品引入健身中心的零售区。L 女士正为迎接这个关键的销售挑战做准备。她意识到自己需要深入了解即将拜访的客户并明确这次销售拜访的沟通目标。下面，我们将看到 ChatGPT 是如何在这方面为她提供帮助的。

我明天要拜访一家大型健身中心的经理，我希望能够将我们的健康食品引入他们的零售区。我应该如何设定我的沟通目标？

明确沟通目标非常关键。首先，你需要确定你的主要目标。是只为了介绍产品，还是真正希望达成一个初步的合作意向？

我的目标是希望能够达成一个初步的合作意向。

了解了。那么，你的沟通目标可以考虑以下几点。

- **深入了解健身中心的需求：**询问其目前零售区的产品种类，以及客户对健康食品的需求和反馈。
- **展示产品的优势：**引用与健身直接相关的科学研究或数据，突出产品的特点和实际效益。

- **提供合作方案**：预先设计具体的合作提议，如为健身中心会员提供独家折扣或在特定节日进行联合促销活动。
- **获取反馈**：询问健身中心经理对产品的看法，以及他对合作的期望和要求。

此外，你还可以准备一些与健身中心业务相关的行业数据或趋势信息，以展现你的专业性。

借助 ChatGPT，L 女士得到了有关沟通目标的策略性建议，有助于她为拜访做好充分准备。

5.1.3 调整沟通策略：常规情境与紧急情境

在日常销售工作中，我们常常面临各种各样的沟通情境。在常规情境下，我们通常有充裕的时间去做深入的前期准备和策略规划，这有助于我们与客户建立稳固的关系。但有时，紧急情况可能会让人始料未及，这就要求我们迅速做出决策、快速响应，以满足客户的需求或解决突发问题。无论是常规情境还是紧急情境，了解如何在不同的情境下调整沟通策略都是至关重要的。本节将探讨如何在这两种情境下利用 ChatGPT 进行销售沟通。

1. 常规情境

在常规情境下，我们通常有足够的时间来准备和规划沟通策略。常规情境下的沟通策略包括以下几点。

- **深入研究**：对客户进行深入的研究，了解他们的需求、期望和痛点。
- **明确目标**：设定明确的沟通目标，如建立信任、介绍新产品或获取订单。
- **选择合适的沟通方式**：如面对面、电话或线上会议。

下面，我们结合案例 5-3 来了解如何利用 ChatGPT 做好常规情境下的销售沟通。

案例 5-3　K 女士与潜在客户的初次接触

K 女士是一家软件公司的销售代表。她最近从市场团队那里获得了一份潜在客户名单，并计划与其中的一位潜在客户 A 先生进行初次接触。为使初步沟通更加顺畅，K 女士向 ChatGPT 寻求沟通策略上的建议。

我是一家软件公司的销售代表，我即将与一个潜在客户 A 先生进行初次接触，我希望能够给他留下一个好印象并了解他的需求。对这样的销售沟通，你有什么建议吗？能提供一些具体的沟通示范吗？

当然可以。在常规情境下，您有更多的时间来准备和规划。以下是一些建议和沟通示范。

- **深入研究：** 首先，了解 A 先生所在公司的背景、行业地位和可能的软件需求。
- **明确目标：** 您的主要目标是建立信任、了解他的需求并为后续的沟通打下基础。
- **选择合适的沟通方式：** 考虑先发一条微信或一封电子邮件，然后再安排一个线上会议或面对面的沟通。

下面是你与 A 先生的一个沟通示范。

K 女士（通过电子邮件）："尊敬的 A 先生，您好。我是 [公司名称] 的 K 女士。我了解到您可能对我们的软件产品感兴趣。我希望我们可以安排一个时间，详细了解您的需求并为您介绍我们的产品。请问您何时方便？"

A 先生："K 女士，您好。我确实对贵公司的软件感兴趣。下周三下午 3 点，我有空，我们可以进行线上会议。"

K 女士："非常感谢您的回复，A 先生。下周三下午 3 点，我会准时与您沟通，进行线上会议。期待与您的交流。"

以上是根据您的要求给出的沟通建议和沟通示范。希望对你有所帮助。

2. 紧急情境

在紧急情境下，我们一般没有足够的时间进行深入的准备。紧急情境下的沟通策略包括以下几点。

- **快速响应：**迅速对客户的需求或问题做出响应，展现出你的专业性和对客户的关心。
- **简化信息：**在时间有限的情况下，简化你的信息，确保传达最关键的信息。
- **请求延时：**如果需要更多的时间准备或考虑，不妨请求客户稍后再进行沟通。

下面，我们结合案例 5-4 来了解如何利用 ChatGPT 做好紧急情境下的销售沟通。

案例 5-4　M 先生的紧急订单

M 先生是一家制造公司的销售经理。他在周五的下午接到一个紧急订单，该订单需要在下周一之前完成。为了确保订单能够按时完成，他需要与生产部门、物流部门和客户进行沟通。

在这种情况下，M 先生也许会面临一些沟通上的挑战。例如，如何确保生产部门能够调整生产计划来满足紧急订单的需求？如何与物流部门沟通以确保货物能够按时送达？如何与客户沟通以确保他们了解订单的进展情况？

为了帮助 M 先生解决这些问题，我们可以使用 ChatGPT 来获取沟通建议。

> 我是一家制造公司的销售经理 M 先生，现在面临一个紧急的销售情境。我在周五的下午接到一个紧急订单，该订单需要在下周一之前完成。我需要与生产部门、物流部门和客户进行沟通，确保这个紧急订单能够按时完成。你能给我一些建议吗？能提供一些具体的沟通示范吗？

解析：M 先生的提问很好地展示了在向 ChatGPT 提问时应注意的细节。首先，他明确了当前面临的具体情境——一个需要迅速处理的紧急订单。接着，他详细描述了需要协调的不同部门和他的主要目标——确保订单按时完成。最后，他请求具体的建议和沟通示范，这表明他希望获得可操作的解决方案。通过这样的提问方式，M 先生有效地传达了他的需求，使得 ChatGPT 能够提供更加准确和有针对性的建议。如果你也面临紧急或复杂的工作情境，可以借鉴这种提问方式。

当然可以。面对紧急订单，迅速和有效的沟通是关键。以下是一些建议和沟通示范。

1. 设定沟通目标

在与各个部门沟通时，明确你的目标和期望，确保大家都在同一频道上。

2. 与生产部门的沟通示范

M 先生（在公司的内部通信软件上发消息）：“你好，生产部门，我刚收到一个紧急订单，需要在下周一之前完成。请问我们当前的生产进度如何，是否可以调整生产计划来满足这个订单的需求？”

生产部门经理：“M 先生，你好。目前我们正在处理几个大订单，但我会马上查看生产线的情况。请给我 10 分钟，我会给你一个明确的答复。”

（10 分钟后）

生产部门经理：“M 先生，我已经查看了生产线的情况。我们可以调整一下生产计划，确保这个紧急订单在下周一之前完成。但我们可能需要加班，并需要确认物料供应是否无误。”

M 先生：“非常感谢你的及时回应和配合。我会尽快与物流和供应链团队沟通，确保物料供应和后续的物流都能够顺利。我知道在这样的紧急情况下确保产品质量是有一定挑战的，但我相信我们团队会共同努力，可以做到最好。如果在过程中有任何需要协调或支援的地方，请随时告诉我。”

生产部门经理：“明白了，M 先生。我们会尽全力确保订单按时并保质完成。如果有任何问题或需要支持，我会及时与你沟通。”

3. 与物流部门的沟通示范

M 先生（在公司的内部通信软件上发消息）：“物流部门，我这里有一个紧急订单，涉及的货物需要在下周一之前送达客户手中。请问我们的物流情况如何，是否有可能达到这个要求？”

物流部门经理："M 先生，你好。我马上查看一下当前的物流安排和车辆情况。请稍等，我会尽快给你一个答复。"

（5 分钟后）

物流部门经理："M 先生，我已经核实了我们的物流情况。目前，我们有一辆车预计明天可以出发，如果我们优先处理这个订单，应该可以确保在下周一之前送达客户手中。但我需要确认一下订单的具体地址和货物体积，以便做出最佳的物流安排。"

M 先生："太好了，感谢你的及时回应。订单的地址是 [具体地址]，货物体积大约是 [具体体积]，请你帮我查看一下。"

物流部门经理："收到，M 先生。我会马上安排并确保这个订单的顺利送达。"

M 先生："谢谢你帮助我确保货物安全和准时送达。这次的配合对我们和客户都非常关键，再次感谢你们的支持和努力。"

物流部门经理："明白了，M 先生。我们会尽全力满足这次的需求。如果在运输过程中有任何情况，我会及时与你沟通。"

4. 与客户的沟通示范

M 先生（通过微信或电话）："尊敬的 [客户名字]，您好。我是 [公司名称] 的 M 先生。我已经收到了您的紧急订单，并已经开始为您处理。为了让订单能够按时完成，我会与我们的生产部门和物流部门紧密沟通。在此期间，我会持续为您更新订单的进展情况。如果您有任何疑问或需要进一步的信息，请随时告诉我。"

客户："M 先生，您好。非常感谢您的及时回应和安排。这个订单对我们非常重要，所以真的很希望能够按时完成。请您务必确保质量和交货时间。"

M 先生："我完全理解您的关切点，[客户名字]。请放心，我们会尽最大努力确保货物的质量和及时交货。我会密切关注这个订单的每一个环节，并及时与您沟通以更新信息。再次感谢您对我们的信任。"

5. 使用沟通工具

考虑使用即时通信工具，如微信等，进行实时沟通，确保信息能够迅速传达。

案例 5-3 和案例 5-4 展示了如何在不同的销售情境中，利用 ChatGPT 获取及时、有效的沟通策略建议和销售建议。借助 ChatGPT，K 女士在常规情境下为与潜在客户的初次接触制定了有效的沟通策略；M 先生在紧急情境中做出了快速、高效的应对。这些都体现了 ChatGPT 的价值。可以看到，无论是在常规情境还是紧急情境下，关键是要根据实际情境调整沟通策略，确保沟通的有效性和沟通效率。在任何情况下，我们都要确保与客户建立真正的联系，并真正理解他们的需求和期望，从而提高销售成功率。

5.2 开场交流

在销售的世界里，每一次与客户的交流都是一次机会——一次与客户建立信任、体现对客户关心并展现我们的专业度的机会。在多种交流情境中，初步的友好交流（包括寒暄）是建立联系的第一步，也是非常重要的一步。它不仅可以帮助我们化解初次见面的尴尬，还可以为后续深入的沟通打下坚实的基础。通过有效的开场交流，我们可以更好地了解客户，从而更有针对性地满足他们的需求。

5.2.1 开场交流的重要性

在与客户会面时，进行初步的友好交流不容忽视，其重要性有以下几点。

- **建立信任：**首次与客户交流时，通过友好、专业的开场交流，可以快速建立客户对你的信任感。
- **了解客户：**开场交流使我们能够初步了解客户的基本信息、兴趣、需求和期望，为后续的沟通提供方向。

- **缓解紧张气氛：**对于首次见面的客户，开场交流可以帮助缓解紧张和拘束的气氛。
- **展现专业性：**通过有针对性的开场交流，可以展现你的专业形象。

5.2.2 开场交流中的注意事项

当我们与不太熟悉的潜在客户见面时，开场交流不仅是打破初次见面的尴尬、建立初步联系的桥梁，更是一个展现我们对客户的关心、我们的专业性的重要机会。

然而，开场交流并不总是那么直接和简单，特别是当我们希望在短时间内为陌生客户留下一个积极的第一印象时。为了使开场交流能够有效地与客户建立联系并赢得客户的好感，我们需要注意以下几点。

1. 避免过于私人化的话题

虽然开场交流的目的是建立关系，但我们应该避免涉及过于私人或敏感的话题。以下是一些建议和具体例子。

- **身体和外貌**

避免指出对方的外貌变化，如“你的头发都白了”“你看起来比以前老了10岁”或“你好像胖了不少啊”。这些评论会让对方感到不舒服或产生自卑心理。

- **健康状况**

和首次见面的人沟通时，除非对方主动提及，否则避免询问关于健康问题的细节，如“我听说你最近得病了，怎么回事？”

- **宗教和政治**

宗教和政治问题通常是敏感话题，除非你知道对方对此感兴趣，否则最好避免谈论。

- **家庭和私人生活**

不要询问过于私人的问题，如“我听说你和你的伴侣分手了，是真的吗？”

2. 确保真实性

确保真实性是在建立和维护客户关系时的一个关键因素。在与客户进行初步交流时，应避免为刻意拉近关系而做出不真诚的行为。虚伪的赞美或不真实的评论很容易被察觉，这会导致对方对你产生不信任的感觉。例如，如果你并不喜欢对方的新发型，就不要说“我真的很喜欢你的新发型”。相反，保持诚实和真诚的态度，关注与客户的真实连接和有效沟通，有助于建立长期且稳固的客户关系。通过展现真实的自己，你更容易赢得客户的尊重，在客户心目中树立可信赖和专业的合作伙伴形象。

3. 避免过多的自我介绍

在与客户初次接触时，你应避免过多地谈论自己。你要让开场交流中的自我介绍简洁明了，这有助于更快地聚焦客户本身及其关注点。如果过多地谈论自己，可能会让客户感觉你对他们的需求或想法不够关注，从而影响双方关系的建立。简短地介绍自己之后，应尽快引入与客户相关的话题，比如提出一个开放式问题来了解他们的兴趣或需求。这样做能展现你对客户的尊重，有效地引起客户的注意，为双方的深入交流创造条件。

4. 避免过长的开场交流

虽然开场交流很重要，但也要注意用时不要太长，不要占用太多与客户沟通的宝贵时间。你的开场话题应简洁且有针对性。例如，可以了解对方近期的工作或生活状况，但无须深挖每一个细节。恰到好处的开场交流能够让你通过观察对方的言语和行为，更好地了解对方的状况或想法，为后续的深入沟通奠定基础。

5. 注意文化差异

不同的文化有不同的习惯。你要事先了解目标客户的文化背景，避免可能出现的误解或冒犯。例如，在一些文化中，直接询问对方的年龄或婚姻状况会被视为不礼貌。

为了帮助你更好地理解如何进行开场交流，下面将提供3个案例（案例5-5、案例5-6、案例5-7），展示ChatGPT为开场交流提供的建议和话术。这些案例涵盖了不同情境下的开场交流，分别适用于销售新手、有经验的销售人员，以及拜访已合作客户的情况。

案例 5-5　销售新手借助 ChatGPT 进行有效的开场交流

在与潜在客户交往时，销售新手常常感到不安，不知如何展开合适的开场交流。借助ChatGPT的指导，他们更有可能轻松地展开对话。

L先生是一名初入销售行业的新手，他即将与潜在客户M女士展开首次沟通。面对这次重要的交流，他对如何进行得体的开场交流感到有些不安。于是，L先生求助ChatGPT以获得有关开场交流的建议。

我刚刚从事销售工作，没有太多经验，我即将与一个潜在客户进行初次沟通。我很紧张，不知道如何进行开场交流，为她留下一个好印象。你能给我一些建议吗？

当然可以。对于与客户的初次沟通，建议您首先做一些简单的了解，比如M女士所在的公司、行业动态或她的职务。这样，您可以更有针对性地提出话题。如果您没有这些具体信息，可以从一些日常话题开始，如天气、近期的公共活动，也可以从您公司的产品和服务开始，询问她对这些有何看法或需求。

好的，另外，我还知道她的公司最近获得了一个行业奖项，我应该怎么提及这个话题呢？

解析： L 先生的这个后续提问非常关键，因为它涉及如何利用与客户相关的特定信息来建立连接和展开对话。这种提问显示了 L 先生想通过提及客户公司的成就来丰富开场交流的内容，展现对客户的兴趣和认可。这是一种有效的策略，因为它能够帮助建立友好的对话氛围，展示 L 先生对客户及其业务的了解。

通过向 ChatGPT 提出这样的问题，L 先生可以获得关于如何引入和谈论客户成就的具体建议。这不仅有助于缓解他作为销售新手的紧张感，还可以提高他在客户面前的专业度。有效地提及客户的成就可以作为打开更深层次对话的良好开端，为 L 先生在后续的销售沟通中打下良好基础。

您可以这样说："M 女士，我听说您的公司最近获得了一个行业奖项，真的非常了不起，祝贺您。"这样说可以展现了您对她的公司的关注，为后续的沟通提供一个很好的切入点。

通过案例 5-5，我们可以看到，即使是销售新手，也可以通过开场交流有效地与客户建立联系，为后续的沟通奠定基础。借助 ChatGPT，我们可以获得有针对性的开场交流话术，更好地与客户建立关系。

案例 5-6　有经验的销售人员利用专业知识进行开场交流

Q 女士是一位在健康产业领域经验丰富的销售人员，她即将拜访一位在这一领域有着深厚经验的潜在客户 A 先生。为了更好地与客户建立关系，Q 女士希望通过 ChatGPT 进一步了解如何通过展示自己的专业知识来引起客户 A 先生的兴趣。

我将首次拜访一位在健康产业领域有深厚经验的潜在客户 A 先生。我听说他对行业内的最新创新趋势非常关注。我希望通过开场交流向他展示我的专业知识，从而引发他的兴趣，为后续的深入讨论打下基础。你能给我一些建议吗？也请提供一个具体的对话示范。

解析：Q 女士的提问首先详细地描述了她的销售情境，包括她将拜访的客户背景和客户的兴趣点。这种详细的情境描述为 ChatGPT 提供了充足的信息，以便它给出更准确的建议。

然后，Q 女士的提问明确了她的沟通目标——在开场交流中展示自己的专业知识，以激发客户的兴趣。这一明确的目标说明了她希望通过对话取得的具体成果，帮助 ChatGPT 更好地理解了她的需求。

最后，她的提问中还包含了对具体建议和对话示范的需求。这种直接的请求使得她能够获得适用于特定情境的实用建议。通过这样的提问方式，Q 女士能够从 ChatGPT 那里获得更有针对性和实用性的回答。

当然可以。首次拜访时，建立一个好的第一印象是非常关键的。考虑到您的需求，我为您提供以下建议。

- **展示专业背景：**首先简短介绍自己，说明您在健康产业领域的经验和专长。
- **提及热点趋势：**提及近期健康产业领域的热门话题或新兴技术，这样可以引起客户的兴趣。
- **询问他的观点：**尊重客户的经验，主动询问他对某个趋势或技术的看法。
- **分享您的见解：**在合适的时机，分享您对相关技术或趋势的理解和观点。
- **建议未来合作：**在对话即将结束时，提议如何可以在某个领域或技术上合作，为后续讨论铺路。

以下是一个对话示范。

Q 女士："您好，A 先生。首先，感谢您接受我的拜访。我是 Q 女士，在健康产业领域做过一定的研究。最近，我深入研究了利用大数据和人工智能技术预测疾病风险和提前干预的可能性。据我了解，您的公司正在寻找新的方法来增强患者体验和提高治疗效果。我相信通过结合创新技术，我们可以开辟一个全新的方向。不知道您对这方面有没有兴趣深入探讨？"

A 先生："哦，您好，Q 女士。听起来很有趣。事实上，我们确实一直在探索如何更好地利用技术来服务我们的患者。请问您具体是如何结合大数据和 AI 技术来实现疾病预测的？"

Q 女士："很高兴您有兴趣。简而言之，我们首先通过可穿戴设备和移动应用收集患者的健康数据，然后利用先进的算法模型对这些数据进行分析，从而

> 预测可能的健康风险。通过这种方法，我们不仅可以提早发现健康问题，还可以为患者提供更加个性化的治疗建议。我相信这不仅可以提高治疗效果，还能大大提高患者的满意度。”
>
> A 先生：“这确实很吸引人。我很想更深入地了解一下您的方法。”

当你和客户进行初步交流时，应该适时展示自己的专业性、尽力关注客户的具体需求，并努力与之建立深入的连接，这样做有助于进一步推动后续的深入沟通。

小提醒：实战中的开场交流

在进行商务沟通或销售拜访时，如何自我介绍和展开话题对于引发客户兴趣和建立信任至关重要。从前面 ChatGPT 给出的对话示范中，我们可以看到 ChatGPT 指导 Q 女士采用了一种具体、专业且与客户利益相关的方式进行开场交流。ChatGPT 推荐的方式有什么好处呢？

- **展示专业知识**

当你展示自己在某一领域的深厚知识和经验时，你会显得更加可信。这种专业性不仅可以引发客户的兴趣，还有助于建立他们对你的信任。在案例 5-6 中，Q 女士在介绍自己时强调了自己在健康产业领域的专业背景，成功地展现了她的专业性。

- **满足客户的需求**

销售不仅仅是推销产品或服务，更重要的是解决客户的问题。Q 女士明确提出了她提供的解决方案（利用大数据和 AI 技术增强患者体验），这满足了 A 先生所在公司的具体需求，使得对话更有针对性。

- **提供具体案例**

人们往往对抽象的信息不太敏感，而更容易被具体、有形的事物吸引。你应该为客户提供真实的案例和数据，让他们真切地感受到你的方案的可行性和有效性。在案例 5-6 中，Q 女士通过描述公司的研究方法和具体应用，为 A 先生展示了一个真实且有意义的案例，使她的方案更具信服力。

- **引发客户共鸣**

在与客户沟通时，找到共同的兴趣点是建立良好关系的关键。Q 女士在介绍时直接触及了 A 先生可能关心的问题，从而引起了他的兴趣和共鸣。

- **引导深入交流**

好的自我介绍不仅可以引发客户的兴趣，还可以为后续的深入交流打下基础。在案例 5-6 中，Q 女士的介绍为她与 A 先生之间的深入探讨创造了条件。

案例 5-7　利用 ChatGPT 与已合作客户进行开场交流

N 女士是一名销售经理，她即将拜访一个已经合作过的客户 U 先生。尽管他们之前有过合作，但 N 女士希望这次拜访能进一步加深与 U 先生的关系，为未来的合作打下更坚实的基础。为了与客户更好地沟通，N 女士向 ChatGPT 寻求沟通方面的建议。

我明天要拜访一个已经合作过的客户 U 先生。我们之前的合作很顺利，但我希望这次能进一步加深我们的关系。你有什么建议吗？请给我提供一个具体的对话示范。

当然。既然您与 U 先生已有合作基础，您可以从以下几个方面入手。

- **感谢并回顾上次合作：** 首先，表达您对他之前支持的感激，并回忆上次合作的细节。可以特别提到他之前关于产品性能的反馈。
- **了解他的近期需求：** 询问 U 先生的公司近期有无新的需求或变动，看看您是否能提供帮助或解决方案。
- **分享新的产品或服务信息：** 提及产品的新功能，并询问他是否对这样的功能有兴趣或有需求。

基于以上建议，您可以这样开场交流。下面是对话示范。

N 女士："U 先生，您好！很高兴再次见到您。首先，我想感谢您上次对我们的支持。我还记得我们上次合作的项目，您当时提到了一些关于产品性能的需求。现在，我们的团队已经对此进行了一些优化。您是否有时间，我为您简要介绍一下？"

U 先生回应："哦，是吗？那太好了，我当时确实提到了一些需求。"

N 女士："是的，我们非常重视您的反馈。实际上，除了性能优化，我们还增加了一些新功能，我认为这些功能可能会对您的业务有所帮助。例如，我们的新版本增加了一个数据分析工具，它可以帮助您更好地了解客户的行为。您近期在寻找什么样的新功能呢？"

小提醒：如何通过开场交流赢得客户信任

从案例 5-7 中，我们看到了 N 女士是如何通过有针对性的开场交流与已合作的客户 U 先生加强关系的。下面，基于案例 5-7 中 ChatGPT 给出的对话示范，我们逐句解析一下 N 女士的话语，从中提炼关键的开场交流策略。这些策略和话术对于你在类似情境下的沟通很有帮助。

N 女士的第 1 个问题

（1）问候并表达再次见面的心情："U 先生，您好！很高兴再次见到您。"

分析：这句话创建了友好的对话氛围，显示了 N 女士对这次会面持积极态度。始终以正面、热情的问候开场，有助于在老客户的眼中保持良好的形象。友好的问候是与客户建立关系、加深关系的关键，能够为接下来的对话打下基础。

（2）感谢客户的支持："首先，我想感谢您上次对我们的支持。"

分析：通过提及之前的合作，N 女士向客户表达了感激。表达对过去合作的感激能够让客户回忆起以往的合作经历，显示你重视并珍惜与客户的合作机会。这是加强客户忠诚度、建立和巩固长期关系的有效沟通策略。

（3）提及上次合作的细节："我还记得我们上次合作的项目，您当时提到了一些关于产品性能的需求。"

分析：这句话显示了 N 女士对以往合作细节的关注，体现了她对客户的重视程度和专业性。同时，这句话向客户传达了一个重要信息：他们的需求和反馈被认真对待了。如果你在与客户的对话中提及之前沟通中的具体细节，并准备了相应的解决方案，那么这种做法能够展示你对合作的重视，有助于提升你的可靠性和专业性。

（4）提及优化工作并邀请客户了解：“现在，我们的团队已经对此进行了一些优化。您是否有时间，我为您简要介绍一下？”

分析：N 女士的这种表达展现了公司对客户反馈的积极响应，反映了公司在不断改进产品和提升产品性能方面所做的努力。N 女士不仅提及了已经做了优化工作，还邀请客户深入了解，这样做创造了进一步对话和合作的新的可能性，也显示了她对客户意见的尊重。在拜访客户时，主动提及所做的改进并邀请客户了解所做的改进，能有效展示对客户意见的重视，为进一步的交流与未来的合作提供机会。

综上所述，N 女士通过这 4 句话的连贯表达，展现了她的自信和对谈话流程的精确掌控，这对于销售人员来说极为关键。这种沟通方式有助于 N 女士在客户心中树立专业可靠的合作伙伴形象，同时，还有效地推动了销售进程。更重要的是，它为构建和维护长期合作关系奠定了坚实的基础。通过这样的话术，N 女士成功地回应了客户以往提出的需求，为未来的合作机会创造了新的可能性。

N 女士的第 2 个问题

（1）重视客户反馈：“是的，我们非常重视您的反馈。”

分析：这句话明确体现了公司对客户意见的重视，强调了客户反馈在公司决策中的重要性，有助于建立信任关系。

（2）告知产品有了新功能：“实际上，除了性能优化，我们还增加了一些新功能，我认为这些功能可能会对您的业务有所帮助。”

分析：N 女士在前面一句中直接响应了客户反馈，这本身是一种良好的客户关系管理实践。随后，她巧妙地引入了产品的新功能，直接关联到可能出现的客户新需求或未来的业务机遇。在销售对话中，主动介绍能够满足客户新需求的功能或产品改进，是一种有效的增值策略。这不仅展现了 N 女士对客户业务的深刻了解和关切，还透露了产品在随着客户需求的变化不断进步。这样的对话策略有助于提升产品吸引力，引发客户兴趣，增强客户的购买意愿。

这种沟通方式有效地结合了客户关系管理和产品推广，使销售对话聚焦如何满足客户的实际需求，从而增加了销售成功的可能性。

（3）给出具体例子说明新功能：“例如，我们的新版本增加了一个数据分析工具，它可以帮助您更好地了解客户的行为。”

分析：N 女士通过引入数据分析工具这一具体例子，使产品的新功能具体化，并通过这种方式直接关联到客户的实际业务需求。在销售中，将产品或服务的功能与客户的具体业务需求或痛点联系起来至关重要。这可以帮助客户理解产品的实际应用，了解产品是如何解决他们的具体问题或优化他们的业务流程的。这种给出具体案例说明新功能的方式提升了销售对话的有效性，因为它不仅说明了产品的特性，还展示了产品特性对客户的直接益处。

这种将产品特性与客户需求相关联的方法，有效地提升了销售对话的针对性和说服力，增加了成交的可能性。

（4）邀请客户反馈：“您近期在寻找什么样的新功能呢？”

分析：N 女士通过这个开放式问题，表达了对客户当前需求的关注，并主动邀请客户分享看法和需求。在销售对话中，使用开放式问题是一种非常有效的策略，因为它鼓励客户表达自己的观点，从而提供更多关于需求和偏好的信息。这样的交流方式不仅能增强客户的参与感，也有助于进一步探讨和确认客户的兴趣点，为销售人员提供宝贵的洞见，帮助他们更好地定制和调整销售策略，为进一步沟通奠定坚实基础。

综上所述，N 女士通过恰当的开场交流策略展示了她的专业性和对客户需求的深刻理解，有效地加强了与客户的信任关系。这些策略和技巧在开场交流中至关重要，它们为未来的深入合作和持续的客户关系管理奠定了基础。在销售过程中，灵活运用这些策略和技巧将会让你更有可能成功地建立并加深客户关系，取得销售成功。

5.3 需求挖掘

在销售过程中，真正了解客户的需求是非常重要的。只有这样，你才能提供对客户来说真正有帮助的产品或服务。本节将介绍如何了解客户的核心需求以及如何利用 ChatGPT 挖掘客户需求。

5.3.1 了解客户的核心需求

了解客户的核心需求是成功销售的关键。这不仅仅是为了完成销售，更是为了确保客户满意并与其建立长期的合作关系。以下是帮助你深入挖掘客户的核心需求的建议。

1. 做足前期调研

在与客户正式见面或交谈之前，你应当投入一些时间进行前期的调研工作。你可以从以下几个方面入手。

- **业务背景：**了解客户所在公司的历史、主营业务、市场定位以及业务模式。

- **行业走势：**研究客户所处行业近期的发展趋势、技术创新和市场变化，这有助于你提前预判他们可能面临的挑战。
- **竞争对手分析：**确定客户的主要竞争对手，分析这些对手的优势和劣势，以便找到你的产品或服务可以突出的价值点。

当你掌握了以上信息，你会发现自己在与客户的沟通中更加自信，也能更有针对性地提问，从而能够更深入地挖掘客户的真正需求。

2. 营造舒适的交流氛围

找一个安静、不易受打扰的地方与客户交谈。在这样的环境下，客户会更加自在地向你敞开心扉，分享他们真正的需求，这有助于你更准确地理解他们的期待并提供相应的建议。更重要的是，一个好的交流氛围有助于拉近你们之间的距离，加深彼此间的信任。

3. 运用咨询式沟通方式

在与客户的交流中，运用咨询式沟通方式是一个十分有效的策略，它鼓励你更多地去了解客户而非仅仅介绍自己的产品或服务。但是，这种方法的有效性往往基于一个重要的前提：**与客户已经建立起了基本的信任关系。**

一旦信任关系建立，你就可以更自由地提出一些与客户业务相关的问题，深入探讨他们的当前状况和未来期望。

在实践中，你可以先与客户分享一些行业见解、趋势分析或具体案例，让客户感知到你的专业性和真诚的关心，然后逐步转向咨询式的提问，使对话更加深入、更有针对性。例如，你可以问：“在过去的一季度里，您遇到了哪些主要的业务挑战？”或者“您希望在接下来的年度中实现哪些核心目标？”这样的问题不仅能帮助你更好地定位客户的需求，还能展现你对客户的真正关心。

4. 鼓励客户分享成功与失败的经历

在与客户的交谈中，无论客户分享的是成功的喜悦还是失败的教训，引导他们回忆并分享过去项目中的经验是一种有效的销售策略。这不仅仅是为了挖掘客户的痛点，也是为了建立更深入的关系、了解他们的需求。

那么，为什么鼓励客户分享经历很重要呢？

- **建立亲近感：**让客户分享成功和失败的经历可以让客户感受到你对他们的理解和关心，从而建立更亲近的关系。
- **了解需求：**通过客户在项目中的经验，你可以更深入地了解他们的需求、期望和所面临的挑战，从而更好地提供解决方案。
- **展示专业性：**在谈论客户的经历时，你就有机会展现在业务领域中的专业知识，从而增强客户对你的信任感。

那么，我们如何引导客户分享经历呢？

- **开放式问题：**使用类似“您之前在类似项目中有哪些成功的经验？”或“您认为之前的项目为何没有达到预期的效果？”的问题来启发客户分享经历。
- **展现真诚的关心：**让客户知道你问这些问题的目的是更好地帮助他们，而不是为了找出他们的短板。

5. 使用情景模拟进行深入探讨

在与客户沟通时，直接询问需求有时得不到深入或具体的回答，而情景模拟可以在此时成为一个有效的策略。

- **让客户描述他们的场景：** 在与客户沟通中，我们有时可能会使用情景模拟这个策略。比如，预先设定一个场景以引导对话。但预先设定场景可能不总是能够反映客户的真实需求和担忧。因此，与其为客户预设一个可能的业务场景，不如让客户自己描述他们的实际经历或描述他们曾经有过某些担忧或担心的情境。例如，你可以启发性地询问："在您的日常业务运营中，有没有哪些特殊情况或挑战让您印象特别深刻？"或者"您认为什么样的场景可能会影响您的业务流程或客户满意度？"这种开放式的提问能够让你从客户的叙述中更加准确地捕捉到他们的真实需求和痛点，从而为他们提供更为贴切和实用的解决方案。
- **交互式参与：** 鼓励客户沉浸在这个场景中，与他们一起探讨可能的挑战和解决方案。这不仅可以帮助你更深入地了解客户的需求，还可以让他们明确自己真正希望得到的支持。

通过情景模拟策略，你可以帮助客户从日常的业务运营中"跳"出来，从一个新的角度看待自己面临的问题，从而更加清晰地识别和表达自己的需求。

6. 注意非言语沟通的细节

在与客户沟通时，除了听他们说了什么，还要密切注意其非言语的信号。

- **肢体语言：** 如果客户交叉双臂或频繁地摆弄物件，他们可能有所保留、感到拘束或不安；而前倾的身体、放松的双臂和开放的手掌则表明客户对谈话内容感兴趣并愿意进一步了解。
- **面部表情：** 微笑、点头和明亮的眼神往往是对你所说内容的积极响应；而皱眉、避免眼神交流或嘴角下垂可能意味着客户有疑虑、不满或不理解。

- **音调：**客户的音调升高，意味着他们可能对某个主题感兴趣或感到兴奋，而平淡或低沉的音调表明他们可能不太感兴趣或有所保留。

通过观察这些非言语的信号，你可以更好地理解客户的真实感受和潜在需求，从而做出更有针对性的回应。

7. 耐心倾听

在与客户交流时，避免急于打断他们或预先给出结论。要给客户足够的时间去充分阐述他们的看法、顾虑和需要。真正的倾听不只是为了等待说话的时机，更是为了深入地理解客户的言辞。在他们分享时，可以适时地点头或简短地回应，这会让他们感到你正在全心全意地倾听，并理解他们的意思。

8. 定期跟进

在销售过程中，定期跟进是一项至关重要的策略。即使你已经对客户的需求有了初步的了解，也不要忽视定期与他们保持沟通。这是因为需求并不是静态的，而是会随着市场和业务的变化而不断变化的。

9. 用简单的语言重述客户需求

在听完客户的描述后，为了确保你完全理解并且没有遗漏任何重要的细节，最好用简洁明了的方式重述客户的需求。以下是一些实用建议。

- **简明扼要：**不要长篇大论，简单明了地概括客户的核心需求。
- **避免行话：**尽量使用通俗易懂的语言，避免行业内的复杂术语，确保客户能够完全理解你的表述。
- **请求确认：**在重述之后，询问客户是否有补充或更正，比如你可以问："我理解您的需求是这样的，不知道我有没有遗漏或误解的地方？"

- **注意反馈：**观察客户的反应，看看他们是否同意你的重述，或者是否有疑虑或困惑。

重述客户需求有助于确保你和客户之间的沟通没有障碍，也可以增强客户的信心，因为客户知道你真正听取并理解了他们的需求。

10. 共创解决方案

邀请客户与你共同参与解决方案的设计过程。当客户投入时间和精力时，他们的沉没成本自然增加，从而使他们更加关心和期待这一解决方案的成果。

此外，当解决方案被视为双方的共同成果时，客户会更有归属感，并视其为自己的部分“作品”。共创解决方案不仅能够确保解决方案完全符合客户的需求，而且也更容易获得客户的长期信任与支持。

总之，了解和挖掘客户的真正需求需要深入的交流、细致的观察和持续的跟进。只有这样，你才能提供真正有价值的产品和服务，与客户建立长久的合作关系。

5.3.2 实战策略：利用 ChatGPT 深入挖掘需求

下面将结合一个具体场景来为你呈现如何利用 ChatGPT 深入挖掘客户需求。

案例 5-8 S 先生利用 ChatGPT 挖掘客户对高端嵌入式烤箱的需求

在高端家电销售领域，深入了解客户需求是提供卓越服务的关键。下面将呈现一个模拟对话，为你演示 S 先生是如何在实际对话中运用 ChatGPT 的建议来深入挖掘一位潜在客户的需求，从而为其提供更贴切的解决方案的。

场景设定： 一位潜在客户对S先生所在公司的高端嵌入式烤箱感兴趣，但尚未明确具体需求。

S 先生与 ChatGPT 的对话

我有一位潜在客户，表示对我们的高端嵌入式烤箱感兴趣，但她尚未详细说明需求。我想更深入地了解她的需求，从而能够为她提供更适合的解决方案。你能为我提供一些建议吗？

当然。首先，你需要弄清楚她对高端嵌入式烤箱感兴趣的原因。是因为她热衷于烹饪，还是出于家庭装修的需要？接着，你可以探询她目前在烹饪和厨房使用方面是否存在一些痛点，以及她期望新烤箱能够解决的问题。

你可以这样和客户说（有助于你了解对方的兴趣和痛点）：“您对我们的高端嵌入式烤箱感兴趣，是因为您热衷于烹饪，还是出于家庭装修的需要呢？同时，您在目前的烹饪和厨房使用中是否遇到了一些问题，您期望新烤箱能够在哪些方面为您提供帮助？”

你还可以进一步地询问她对烹饪方式的偏好，是否需要一些特殊的功能，例如，蒸汽烹饪或智能控制。同时，你可以探询她的家庭规模和餐饮习惯，从而更好地了解她的需求。

你可以这样和客户说（方便你了解其烹饪方式和家庭情况）：“在烹饪方面，您有什么特殊的偏好或需求吗？例如，是否需要蒸汽烹饪功能或智能控制？另外，您的家庭规模和餐饮习惯是怎样的？这些信息能够帮助我们更准确地了解您的需求。”

非常感谢你的建议。我会按照你的指导，与客户展开更深入的对话。还有其他方面我需要注意的吗？

当然。除了了解她的需求，你还可以尝试通过一些开放式问题来引导她更详细地描述她的情况。

比如，你可以用一种轻松的方式问她：“为了给您做更适合的介绍，我还想了解关于您的烹饪习惯和期望。在您烹饪时，有没有什么特定的目标或愿望呢？比如，您是想尝试更多不同的菜肴，还是希望在繁忙的生活中能够更轻松地准备美味的食物？”这样的问题会引发客户深入思考，让她更具体地表达她的期望和需求，从而帮助你更准确地为她推荐合适的产品。”

这个建议很有启发，我可以问她是否有什么烹饪目标，以及她希望在厨房中获得什么样的体验。

是的，这些问题可以引导她表达更深层次的需求。此外，你还可以询问她的预算范围，这有助于你在提供解决方案时更符合她的实际情况。

明白了，我会在合适的时候询问她的预算，以便为她推荐合适的产品。谢谢你的指导。

不客气。记住，与客户深入交流不仅有助于了解客户的需求，还可以建立更紧密的关系，增加销售成功的机会。如果你在对话中遇到任何挑战，随时可以寻求我的建议。

在与 ChatGPT 的对话中，S 先生得到了关于如何更好地了解客户需求的建议。从这些建议中，我们可以明显地看到，提出开放式问题、了解客户的烹饪目标、预算范围等都是有效的方法。通过这些方法，我们可以更加精确地了解客户的需求，加强与客户的关系，从而提高成交的可能性。

案例 5-8 中的对话还为我们提供了一个宝贵经验：在与客户交流时，我们不仅要了解他们的明确需求，还要努力挖掘他们的潜在需求。只有这样，我们才能为客户提供真正有价值的解决方案，从而实现双赢。

案例 5-8 也体现了 ChatGPT 为销售领域带来的价值之一——它能够根据具体场景和具体需求，为销售人员提供有针对性的建议和策略。

5.4 产品介绍

产品介绍是销售过程中的重要环节。这一环节不仅能为客户呈现产品的特点和优势，更是引起共鸣、解决问题的契机。通过运用一系列策略和技巧，你可以更好地展示产品的优势，激发客户的兴趣，并最终实现成功销售。

在 5.3.2 节中，案例 5-8 演示了如何使用 ChatGPT 的建议来深入了解客户需求。下面，我们将延续这个案例，借用 ChatGPT 来指导销售人员将获得的信息转化为有针对性的产品介绍。通过这样的介绍，销售人员可以更精准地解答客户的问题，提供与客户需求紧密相关的解决方案，从而实现更有效的销售。这种有针对性的产品介绍不仅能更好地满足客户的具体需求，也有助于构建更牢固的客户关系，促进长期合作。下面将向你呈现在做产品介绍时需要注意的要点，以及如何利用 ChatGPT 来帮助我们做好产品介绍。

1. 个性化定制

每个客户都有自己的独特之处。所以，当我们介绍产品时，要把之前了解到的客户信息融入产品介绍中，向客户展示产品是如何满足他们的具体需求的。比如，案例 5-8 提到的高端嵌入式烤箱。如果客户担心的是厨房空间，那么我们就向客户重点讲解产品的紧凑设计是如何帮她节省空间的。

以下是 ChatGPT 为 S 先生提供的沟通示范，展示了如何用清晰明了的语言向客户解释产品功能，更好地与客户沟通，提供个性化服务。

您对我们的高端嵌入式烤箱感兴趣，是因为您热衷于烹饪，还是出于家庭装修的考虑呢？在之前的交流中，您提到了您的厨房壁橱空间有些有限，这在现代生活中是一个常见的问题。我们的烤箱设计紧凑巧妙，非常适合这种情况。实际上，我们的嵌入式烤箱可以根据您的壁橱尺寸量身定制，确保完美嵌合，不仅不会占用过多的空间，还能充分发挥厨房的每一寸空间。这意味着您可以在保留足够的操作空间的同时，拥有一个功能强大的烤箱，尽情展现您的烹饪创意，为家人带来美味佳肴。

2. 故事化表达

说到产品，用故事来作介绍更容易触动人的情感。当你讲述产品时，可以尝试带入一些真实的用户体验故事。这种方式可以让描述更加生动有趣，让客户直观地感受到产品的实际价值。更重要的是，故事能够引发客户的共鸣，让他们更轻松地理解产品的独特之处。

以下是 ChatGPT 给出的示范，展示了如何在故事化表达中更好地与客户沟通。

我们曾经有一位客户，她是一位繁忙的职业人士，平时时间紧张，但又热爱烹饪。她经常希望在家里能够快速准备美味的食物，同时她也注重健康饮食。当她了解到我们的高端嵌入式烤箱具备智能烹饪功能时，她非常感兴趣。

我们的烤箱不仅可以根据不同食材自动调整烹饪时间和温度，还可以通过手机应用进行远程控制，让她在忙碌的工作中也能轻松享受美食。如今，她通过我们的烤箱，每天都能轻松准备出美味又健康的食物，这不仅提升了生活品质，还让她在朋友中赢得了美食大厨的声誉。

这个客户案例不仅展示了我们产品的智能特点，还彰显了它是如何满足客户在快节奏生活中的需求、为她创造了更多美好时光的。所以，您是否也希望在自己的烹饪中拥有更多便捷和惊喜呢？我可以为您做进一步介绍。

小提醒：讲故事之前，确保客户的实际情况与故事背景相符

当运用故事化表达方法时，要记得在讲故事之前，确保故事背景与客户的实际情况相符。这有助于引发共鸣，让客户更容易理解产品的价值。所以，在讲故事之前，要仔细考虑客户的背景、需求和偏好，以确保故事能够与他们的现实情况产生联系。例如，如果潜在客户是一个拥有充足的闲暇时间的家庭主妇，那么繁忙的职业人士的故事就不合适。

所以，如果我们能为客户呈现适宜的故事，我们就可以为他们展现一个既真实又有说服力的情境，从而深刻地触动他们的情感。

3. 重点突出

如果知道客户关心什么，那就突出那一点。比如在案例 5-8 中，如果客户在乎烹饪，那就介绍产品有哪些独具特色的烹饪功能；如果客户关心的是操作问题，那就突出介绍产品的智能控制；如果对客户来说空间是个问题，那就强调产品怎么帮助节省厨房空间。

4. 解释相关术语

不是每个人都懂那些复杂的技术术语或技术词汇，所以在介绍产品时，尽量使用简单的话来介绍，确保客户能够明白你在说什么，这有助于他们真正看到产品的好处。

以下是 ChatGPT 给出的示范，展示了如何用通俗易懂的语言解释产品功能，从而更好地与客户沟通。

我们的高端嵌入式烤箱配备了一项特殊功能，叫作“多功能烤炸一体”。这意味着您可以在同一个烤箱内既可以烤出鲜美的烤肉，又可以制作脆皮的炸鸡。无论您是想做烤食还是炸食，这个功能都能满足您的需求。另外，我们的烤箱还有智能控制功能，就好像您的烤箱有了个小助手一样。您可以通过手机应用来控制烤箱的温度和时间，甚至在外出时也能实时监控烹饪进度。这样，您可以更轻松地掌握每道菜肴的烹饪状态。

> 总之，我们采用了这些简单易懂的功能，目的就是为了让您的烹饪体验更方便、更多样化。您不必担心技术术语，我会用最直白的方式来为您解释，确保您充分了解烤箱的价值。

通过解释术语并使用通俗易懂的表达方式，你能够让客户轻松地理解产品的功能和优势，从而提高他们对产品的兴趣和认同感。这种沟通方式能够让客户感受到你的专业性，并对自己的购买决定更加笃定。

5. 抓住客户的关注点

在与客户交流时，要提到客户曾经说过的关注点，并说明产品是如何满足这些关注点的。这样做，客户就能感受到你真的在聆听他们所说的，也真的想帮助他们解决问题。

以下是 ChatGPT 给出的示范，展示了如何在产品介绍中抓住客户的关注点。

我家的厨房空间有些有限，所以我希望能找一个既能满足烹饪需求，又不占用太多空间的烤箱。

非常理解您的需求。我们的高端嵌入式烤箱恰好能够满足您的要求。这款烤箱的设计非常紧凑，适合安装在厨房的壁橱中，不会占用太多的空间。您可以想象一下，即使厨房空间有限，我们的烤箱也能完美地融入，让您的厨房看起来更整洁、更宽敞。

此外，烤箱的内部设计也经过了精心考虑，可以容纳更多食物，从而满足您的烹饪需求。不管是烤鸡、烤面包还是其他美食，都能在我们的烤箱中轻松完成。

通过引用客户的关注点，并将产品的优势与这些关注点联系起来，你就能够让客户感受到你真正理解他们的需求，并能够为他们提供解决方案。这种个性化的沟通方式可以提升客户的满意度，并增加成功销售的机会。

6. 说出真正的好处

介绍产品时，不仅要告诉客户产品都有哪些功能，更要让他们明白这些功能对于他们意味着哪些好处。换句话说，不仅要说明产品能做什么，还要说明它为客户解决了哪些真实的问题。

以下是 ChatGPT 给出的示范，展示了如何在介绍高端嵌入式烤箱时，强调其实际优势和好处。

烤箱的智能控制功能能够让您更轻松地掌控烹饪过程。您可以通过手机应用远程控制烤箱，调整温度和时间，确保食物的烹饪效果。这意味着您可以在外出时提前预热烤箱，回家后即可开始烹饪，节省宝贵的时间。

最重要的是，我们的烤箱可以为您带来更好的烹饪体验。特殊的烹饪技术可以保持食物的湿润度和口感，让您的食物更加美味可口。而且，内部空间的合理设计能够容纳更多食材，满足不同场合的烹饪需求。

通过清晰地说出产品的真正好处，你可以让客户更好地理解产品的购买价值。这种有针对性的介绍方式能够提高客户的兴趣，为销售成功奠定基础。

7. 与客户互动

介绍产品时，不妨与客户多互动。让客户主动提问，积极参与讨论。这样做不仅可以让客户更深入地了解产品，你也能更清楚地知道他们到底想要什么。

下面是 ChatGPT 给出的示范，展示了如何在互动式介绍中与客户互动，鼓励他们提问，以及如何灵活地回应客户的问题。

关于我们的高端嵌入式烤箱，您有什么疑虑或者想要问的问题吗？

我听说这款烤箱有很多智能功能，您能具体介绍一下吗？

当然，这款烤箱确实配备了许多智能功能，比如智能温控和远程控制。您可以通过手机应用来预设温度和烹饪时间，甚至可以在外出时远程启动烤箱，非常方便。

在介绍产品过程中，与客户的有效互动至关重要。这种双向的沟通方式不仅帮助客户更深入地了解产品的特点和价值，还能让我们更准确地掌握客户的真实需求和关注点。通过示范对话，我们看到了应该如何鼓励客户提出问题，并做出针对性的回应，从而更好地展示产品的特点和价值。

8. 闭环总结

当完成产品介绍后，花一点儿时间进行总结是很有帮助的。做总结可以确保你们对产品都有清晰的理解，也可以给客户一个机会说出他们可能有的其他想法或需求。这样做不仅能加深你和客户的关系，还有助于找到更多的商机、提高成交的概率。

那么为什么闭环总结很重要？

- **确认客户需求。**通过与客户进行闭环总结，你可以了解他们是否对产品有了清晰的理解，确认他们的真正需求并避免误解和信息缺失，从而确保你的产品介绍与客户的需求相符。
- **促进客户参与感。**通过互动和讨论，可以让客户在闭环总结中有机会提问和参与，这能够增强客户的参与感，提升客户满意度。
- **发现潜在机会。**客户可能会在闭环总结时提出以前未考虑的问题或需求，这将为你提供发现潜在机会的时机，从而为客户提供更全面的解决方案。
- **加强客户关系。**闭环总结有助于建立更紧密的客户关系。通过持续的互动，你可以增强客户对你的信任，为未来的合作奠定基础。
- **提升销售成功率。**通过在闭环总结中确认客户需求，你可以更精准地为客户定制解决方案，增加成功销售的机会。

下面是 ChatGPT 给出的示范，展示了如何在闭环总结中巧妙地将产品介绍与确认客户需求相结合，以实现更有效的沟通。

非常感谢您的时间，我希望我刚刚的介绍能够帮助您更好地了解我们的高端嵌入式烤箱。在我们的讨论中，我注意到您非常关注厨房空间的利用和烹饪创意。

是的，您说得对。

那么，在您看来，这款烤箱是否能够满足您的需求？还有其他方面您想要了解的吗？

我对这款烤箱的紧凑设计印象深刻，它确实能够在我的小厨房里发挥更大的烹饪创意。不过，我还想了解一下它的智能控制功能如何操作。

非常感谢您的反馈，智能控制是这款烤箱的亮点之一。我可以为您演示一下，您可以通过手机应用轻松地控制烤箱的温度和时间。这不仅方便，还能够让您在烹饪过程中更加自如。

听起来很方便，我很感兴趣。谢谢您的解答。

不客气，我很高兴能够解答您的问题。如果在使用过程中您有任何疑问或需求，都可以随时联系我们。我们始终在这里为您提供支持。

通过这个示范，我们可以看到 ChatGPT 是如何帮助我们在闭环总结中确认客户的需求、解答客户的疑问、强调产品的特点，并做出后续支持的承诺的。这个环节有助于提升客户的满意度、增进客户信任，并为未来的合作奠定基础。

通过将以上策略融入产品介绍过程中，我们可以更有效地与客户沟通，展示产品的价值，建立信任关系，并最终实现销售目标。此外，持续关注客户需求，并将其置于销售过程中的核心位置，是成功销售的关键。

5.5 ChatGPT 在销售沟通中的综合价值

通过与 ChatGPT 深度融合，我相信你能充分感受到 ChatGPT 在销售沟通中发挥的以下综合价值。

- **智能引导。**借助 ChatGPT 的高质量建议，你可以与客户进行更深入的沟通，更准确地“捕捉”他们的需求。
- **定制化内容。**根据每位客户的特殊需求，你可以调整问题，让 ChatGPT 给出具有针对性的建议，这会使沟通更为真挚、更贴近客户。
- **实战示范。**ChatGPT 可以提供对话示范，帮助你理解如何在实际销售情境中应用 ChatGPT 的建议、如何将理论转化为实战技巧。
- **提升客户满意度。**在满足客户需求的前提下，结合 ChatGPT 的指导，可以进一步提升客户的满意度，奠定长期合作的基石。
- **提高销售成功率。**当你融合 ChatGPT 的智慧时，你会更有信心地满足客户的各种需求，从而提高成功销售的概率。

本章详细地讨论了如何在销售过程中高效地利用 ChatGPT 进行沟通，从而加强对客户的了解，得到让客户满意的解决方案。通过案例分析，本章展示了如何巧妙地结合传统销售技巧与 ChatGPT 的智能建议，从而使你在实际销售沟通中表现得更加卓越。本书希望你在日常销售沟通中更加活跃地利用这一现代工具，从而增强客户体验并提高销售的成功率。唯有不断地学习和实践，你才能将销售技能持续优化，实现前所未有的高效率和良好的沟通效果。

截至目前，我们已经探讨了如何设定沟通目标、进行开场交流、深入挖掘客户需求，以及进行有效的产品介绍，但在实际的销售沟通中，我们不可避免地会遇到一些挑战。这些挑战可能包括如何处理客户的异议、如何应对客户的反馈，以及如何持续维护与客户的良好关系等。这些都是销售过程中非常关键的环节。接下来的第 6 章将深入探讨如何运用 ChatGPT 有效应对常见的销售挑战。第 6 章将提供具体的策略和案例，帮助你更好地理解并应用策略和技巧，让你在面对挑战时更加从容，持续提高销售效率和客户满意度。

第 6 章

运用 ChatGPT 处理客户异议和维护客户关系

处理客户异议和维护客户关系是销售领域和客户服务领域中两个至关重要的议题。特别是在当今信息爆炸、竞争激烈的环境下，高效、准确地应对这两个问题，对于任何企业或个人来说，都有着不可或缺的战略价值。

本章将首先讨论如何处理客户异议，这是销售人员在与客户互动中经常会遇到的挑战。从基础理论到实用指南，再到由 ChatGPT 指导的真实案例，本章将为你提供一套全面且具体的解决方案。

接着，我们会讨论如何在维护客户关系方面发挥 ChatGPT 的潜能。同时，我们还会展示 ChatGPT 在实战中的表现，以便你直观地了解其价值和应用范围。

总之，本章旨在为你提供一整套关于处理客户异议和维护客户关系的现代化解决方案，帮助你在面对客户异议和维护客户关系时能够更加自信和从容。

6.1 处理客户异议

在销售中，面对客户异议是常态。然而，处理这些异议并不仅仅是为了消除障碍、推动销售或保留客户；它也是一种机会，用以了解客户的需求、改进产品或服务，甚至加深与客户的关系。

6.1.1 处理异议的 9 个关键策略

本节将引领你掌握 9 个关键策略，帮助你更有效地处理客户异议。从准确理解客户的问题，到提出解决方案，再到后续的跟进和持续改进，本节将传授给你一套全面的策略。无论是销售新手还是经验丰富的业务专家，都将获得宝贵的洞见和实用的方法，能够更有效地处理客户异议，从而抓住更多的销售机会、提升客户满意度并与客户建立更深入的关系。

1. 立即回应但不打断

在客户提出异议或问题时，快速且清晰地表明你正在倾听，并理解他们的立场。重要的是，不要打断他们，只有这样你才能完全理解他们的需求和担忧。在处理客户异议的过程中，迅速但不妨碍客户表达的响应至关重要。这种做法体现在点头、保持眼神接触等肢体语言上，同时，还有以下几个关键作用和需要注意的方面。

（1）建立信任

在销售中，赢得客户的信任是至关重要的一步。要做到这一点，你首先需要让自己成为一个好的倾听者。当客户说话时，通过点头和保持眼神交流这种简单的肢体语言可以有效地传递出你对他们所说内容的关注和尊重。通过表现出你正在倾听并且理解客户所提出的异议或问题，你可以增强客户对你的信任感。这种信任是成功销售的基础，因为它帮助建立起一种良好的沟通环境，让客户更愿意与你分享他们的真实想法和需求。

（2）识别销售机会

在销售过程中，认真倾听客户的异议是发现新销售机会的关键。通过聆听，你可以捕捉到客户隐藏的需求或对产品和服务的具体期待。这些细节对于调整你的销售方法和制定个性化的解决方案非常重要。它们有助于更好地满足客户需求，增强你的销售策略的效果。

（3）有效地运用沟通技巧

在对话中，运用肯定的语言和开放式问题来引导谈话。比如，你可以说："我理解您对价格的关注。您能分享一下您对预算范围的考虑吗？"这种提问方式不仅展示了你在认真听取对方的观点，而且能帮助你获得更多有用的信息，从而为客户提供更符合他们需求的解决方案。

（4）准备积极应对异议

面对客户的异议时，避免采取防御态度或直接否定他们的看法。相反，你要做好准备，以积极和建设性的方式回应。这意味着你要提供更多的产品信息、解释产品的多种使用方式，或者提出灵活的支付选项。这样做能够展示你对客户关注点的重视，有助于找到满足双方需求的解决方案。

◈ 常见示例

场景：A 女士是一家家居用品店的销售顾问。客户说："这款沙发的颜色与我家的装修风格不搭。"

不当回应

在客户还没说完之前，A 女士就打断了他。"这款沙发在任何环境下都很受欢迎！"

为什么这样回应不合适？

- **缺乏尊重。**打断客户会让客户觉得 A 女士没有尊重他的观点。
- **流于表面。**未能深入了解客户具体的需要和担忧。

有效的行动方针

（1）立即回应。在客户提出异议后，用"我明白您的考虑"这样的话立即回应。

（2）用开放式问题引导。比如提出"关于这个问题您能多说一点儿吗？"或"您希望沙发与您家的什么风格相配？"等问题以获得更多信息。

（3）注意体态和面部表情。用微笑和点头等非语言方式，进一步表现出你在认真地听他们说话。

正确的沟通示范

表示对客户的尊重。

"是的，沙发颜色是非常重要的因素。"

用开放式问题引导。

“请您详细和我说一下您家里的装修风格，这样，我可以更精准地为您推荐适合的产品。”

非语言反馈。

通过点头和微笑，显示你正全神贯注地听客户说话。

通过上述方式，我们不仅可以让客户感觉到自己的意见或观点被听到、被理解，还可以获得更多有用的信息来解决他们的问题、满足他们的需求。这对于建立长期的客户关系非常有帮助。

2. 准确理解客户异议

在销售过程中，客户会提出各种异议。这些异议可能涉及产品特性、价格、服务或其他方面。在客户表达了他们的观点之后，你的首要任务是确保你已经准确地理解了他们所提出的异议或问题的核心。这一步骤对于提供有效的解决方案至关重要，因为只有当你完全理解客户的真正担忧时，你才能给出恰当且有针对性的回应。这个过程不仅可以避免你基于错误的假设提出解决方案，还可以展现你对客户需求的关注和重视。

◈ 常见示例

场景： B 先生是一家电子产品店的销售顾问。客户说：“这款笔记本电脑太重了，我无法每天携带。”

不当回应

B 先生说：“嗯，但这款笔记本电脑性能很强，沉很正常！”

为什么这样回应不合适？

- **缺乏共情。**使用"沉很正常"这样的语句传达出一种不耐烦或不关心的态度，这种回应会让客户感觉他们的担忧被忽视、想法被贬低。
- **情绪管理不当。**即使客户的异议基于个人偏好，也应该以耐心的方式回应。
- **没能准确把握问题。**虽然笔记本电脑的性能是一个卖点，但这并未直接解决客户觉得笔记本电脑"太重"的问题。

有效的行动方针

（1）用温和的语气重述异议，并展现理解和关心

销售顾问："我明白您的担忧。您是觉得这款笔记本电脑对于日常携带来说太重了，对吗？"

（2）倾听并调整理解，以积极的态度确认客户的需求

销售顾问："确实，轻便性对于日常携带非常重要。除了重量，您还有其他考虑吗？比如性能或电池寿命？"

（3）引导客户了解更适合的产品选项，并展示专业知识和服务意识

销售顾问："根据您的需求，我推荐这款轻便型笔记本电脑。它的性能也非常出色，而且更适合携带。"

通过上述方式，销售顾问在回应客户的异议时，展现了对客户需求的理解和关心，同时，通过提供替代方案解决了问题，避免了可能会出现的情绪问题。这样的沟通不仅能解决客户的实际问题，还能增强客户的信任感和满意度，从而促进销售进程。

3. 展示共情并明确理解客户问题

在你倾听了客户提出的异议内容和含义之后，下一步是向客户明确展示你对客户的问题和担忧的理解和关心。这一过程不仅涉及对客户所表达的担忧的表面理解，而且要体现对他们的担忧的共情。即便你可能并不完全赞同客户的观点，但你要让客户感受到他们的观点被重视和理解。这样做的好处体现在多个方面。

（1）建立信任

展示共情有助于建立彼此之间的信任。当客户感觉到他们的感受和担忧被真正理解时，他们更可能信任你提供的解决方案。

- 即使在解释不利于销售的信息时，也要始终对客户保持诚实和透明。这种诚信行为会增强客户对你和你的产品品牌的信任感。
- 在服务和沟通上保持一致性，让客户知道他们每次都能期待相同的高标准服务。

（2）沟通更高效

通过共情能够快速减少误解和沟通障碍，使双方能够更加直接地解决问题。

- 使用清晰和简洁的语言来避免误解和混淆。
- 及时响应客户的问题和关切点。这不仅可以解决问题，还能显示你重视他们的时间和需求。

（3）增强客户关系

长期来看，表达共情能够提升客户忠诚度。客户倾向于与那些能理解和重视他们需求的品牌建立持久的关系。

- 尽可能地在服务中提供额外价值。服务超出客户的期望可以提升他们对品牌的忠诚度。
- 了解每位客户的独特需求，为其提供个性化的服务和解决方案。

◈ 常见示例

场景：C 先生是一家手机运营商的客服代表。客户说："我觉得我的月租费用太高了。"

不当回应

C 先生说："不高，我们的费用已经比市面上其他运营商便宜多了！"

为什么这样回应不合适？

- **未展示共情。**否定了客户的问题，没有对客户的感受或担忧给予认可和理解，从而降低了客户对品牌或服务的信任。
- **缺少解决建议。**未提供任何具体的解决步骤或建议，这会导致客户觉得他们的问题没有被认真对待或没有解决的可能性。

有效的行动方针

（1）**展示共情与理解。**当客户表达不满时，首先表现出对他们感受的共情和理解。这涉及认可客户的观点并展现对他们的担忧的关心（即使你可能不完全同意）。使用类似"听起来您对月租费过高这一点不满意，我能理解这会影响您的整体满意度"等语句来表达对客户问题的共情与理解。

（2）**了解更多背景信息。**在展示共情与理解之后，询问客户具体的问题或需求。这有助于更全面地理解客户的立场，并提供个性化的解决方案。例如，C 先生可以问："您觉得理想的月租费应该是多少？您之前使用的套餐有没有不需要的服务？"这样问可以提升客户的参与感，有助于提供个性化的解决方案。

（3）明确下一步行动。在充分理解客户需求之后，清晰地向客户传达你将要采取的具体行动。这不仅可以展现你对客户问题的理解，还可以体现你积极寻找解决方案的态度。你可以告诉客户你将如何进一步帮助他们，比如可以说“让我看看是否有办法调整您的费用”或“我可以为您找到更适合的优惠方案”。

正确的沟通示范

“听起来，您对月租费过高这一点不满意，我能理解这会影响您的整体满意度。您觉得理想的月租费应该是多少？您之前使用的套餐有没有不需要的服务？让我为您查找一下我们目前有哪些优惠方案，或者是否有更适合您的套餐。”

通过展示共情，C 先生既表现出对客户异议的理解和关心，又清楚地表达了他为解决客户问题而采取的实际行动。通过这样的沟通方式，可以有效地提升客户的信任感和满意度，同时增加解决问题的可能性。

4. 提出关键解决方案或替代选项

在理解客户异议并通过共情建立信任之后，下一步是针对客户的疑虑或问题提出具体的解决方案或可行的替代选项。这一步至关重要，因为它直接关系到满足客户的具体需求或减轻他们的担忧。这一步成功的关键在于，根据对客户需求的深刻理解提供个性化且切实可行的解决方案。相关方案内容包括不同价格范围的产品、灵活的付款计划、额外服务或支持等，具体取决于客户的特定需求和情况。通过提供量身定制的方案，你不仅能解决客户的实际问题，还能加强客户对你和品牌的信任，提升他们的满意度。

◈ 常见示例

场景： D 女士是一家电子产品零售店的销售顾问。客户表示对一款笔记本电脑很感兴趣，但担心价格过高。

不当回应

D 女士说："这款笔记本电脑的性能和品质都是顶级的，所以价格当然也会高一些。" D 女士做出回应后，就站在原地等待客户的反应，并没有立即提供其他解决方案或进一步询问客户的具体需求。

为什么这样回应不合适？

- **缺乏对客户担忧的真正理解。** D 女士的回应主要强调了产品的性能和品质，但没有直接解决或响应客户提出的价格方面的问题或担忧。在销售过程中，重要的是要理解和响应客户的主要关切点，而在这一示例中，很明显，客户的关注点是价格。
- **未提供具体的解决办法。** 在面对与价格相关的异议时，仅仅强调了产品的优点而没有提供实际的解决方案或替代选项，这无法说服或安抚对价格敏感的客户。一个有效的销售策略应该是在阐明产品价值的同时，提出适合客户预算的方案。
- **未充分利用销售机会：** 客户表达对价格的疑虑，实际上是一个深入了解客户需求并为其提供定制的解决方案的机会。但 D 女士没有抓住这个机会，没有为客户提供其他价格区间的产品选择、当前的促销活动信息或灵活的付款选项。这种做法让她失去了满足客户需求、成功销售的机会。

有效的行动方针

（1）**深入了解客户的预算和需求。** 在客户表达对价格方面的担忧时，D 女士应该首先询问客户的预算范围和对笔记本电脑的具体需求。比如，她可以问："您希望在什么预算范围内选择笔记本电脑？您对笔记本电脑的哪些特性最感兴趣？"

（2）提供多元化的产品选项。基于客户的预算和需求，D 女士应该提供多种产品选项。她可以介绍不同价格区间的笔记本电脑，确保每个选项至少满足客户的部分关键需求。

（3）介绍促销活动和付款方案。D 女士还应告知客户相关的促销活动或特殊优惠。此外，她可以向客户介绍店内提供的分期付款计划或其他财务上的灵活选项，帮助客户在负担得起的范围内购买产品。

（4）强调性价比和总体价值。在介绍每个产品选项时，D 女士应强调产品的性价比和长期价值，尤其是那些价格稍高但功能更为全面的产品。

通过运用上述行动方针，D 女士能够有效地应对客户关于价格的担忧，并通过提供定制化的解决方案增加成功销售的可能性。

正确的沟通示范

深入了解客户的预算和需求。

"我理解您对价格的关注。为了更好地帮助您，您能告诉我您考虑的预算范围吗？另外，您在笔记本电脑中最看重哪些功能？这样我就能更好地根据您的需求为您推荐合适的产品。"

提供多元化的产品选项。

"嗯，我明白您的预算和需求。我这边有几个不错的选项可以给您看看。第一款是更经济实惠的笔记本电脑，能满足您的基本使用需求。第二款性能优越，非常适合处理复杂的工作任务。其实您最初感兴趣的这款笔记本电脑确实是个不错的选择，虽然这款笔记本电脑的价格稍高，但因为它拥有卓越的性能和长期耐用性，它实际上提供了很高的性价比。作为一项长期投资，它确实是个划算的选择，也非常值得您购买。”

介绍促销活动和付款方案。

“目前我们有一些促销活动，可以为您提供更优惠的价格。我们还提供分期付款选项，这样可以帮助您平衡财务压力，不知道您是否感兴趣？”

通过上述方式，D 女士不仅识别了客户的核心需求，还提供了多种解决方案，让客户能够根据自己的实际情况做出选择。这种沟通方法有助于提升客户满意度，并增加成功销售的机会。

5. 进行后续跟进

在解决了客户的问题或处理异议后，下一步是获得客户的反馈并进行后续跟进以维护持久的客户关系。这一步既是销售过程的收尾，又是长期客户关系管理的起点。

◈ 常见示例

场景：F 女士是一家家居店的销售顾问，成功地消除了客户对一款沙发的尺寸和颜色的疑虑。

不当行为

在客户离店后，F 女士后续没有进行任何联系或跟进。

为什么这样做会有损失？

- **缺乏持续关注。**解决了短期问题或眼前问题但没有维护与客户的长期关系。
- **失去客户反馈。**没有获得客户关于购买体验或产品质量的反馈。

- **减少客户再次优先购买的可能性。**没有后续跟进将导致客户在需要相似或其他家居产品时，不会优先考虑你的产品。及时的后续联系和提供额外的服务或优惠信息可以增加客户再次选择你的产品的可能性。

有效的行动方针

（1）获得即时反馈。确保客户对解决方案或购买的产品感到满意，及时发现并解决任何遗留问题。在问题解决或销售完成后，直接询问客户，比如："您对我们提供的解决方案感觉如何？有没有什么其他方面我们还可以提供帮助的？"这样的询问可以了解客户的即时反应，帮助你立即调整策略，改进服务方式，从而提升客户满意度。

（2）提供附加帮助。通过提供额外的信息或服务，增强客户的购买体验，提升客户的满意度和对品牌的忠诚度。

- **分享专业知识。**利用你的产品知识为客户提供有用的信息。比如 F 女士可以这样说："这款沙发非常耐用，而且清洁起来非常方便。让我为您展示一下最佳的清洁方法，这种方法可以延长它的使用寿命。"
- **提供个性化建议。**根据客户的具体情况提供个性化建议。比如，对于刚购买沙发的客户，F 女士可以说："我注意到您家的风格是现代简约风格，这款沙发完美地融入了这种设计风格。如果您需要更多有关室内布局的建议，我很乐意协助。"
- **预见性服务。**主动提供客户可能需要的额外服务。例如，提供关于产品维护的小册子，或者告知客户如果将来需要支持或维修服务，本店可以提供协助。

上述方式不仅解答了客户目前的疑问，还提前考虑了他们未来可能遇到的问题，展现了你对客户需求的深刻理解和对客户的关心。这有助于客户对品牌产生信任，并使他们更有可能成为回头客，或向他人推荐你的产品。

（3）进行后续跟进。 如果得到客户满意的肯定回应，安排后续跟进活动，比如向客户发送表达感谢的微信消息，或在适当的时间询问客户产品使用情况。比如，你可以问："这样解决了您的问题吗？"如果得到肯定回应，记得在一周或两周内进行后续联系，了解产品是否满足了他们的期望，并询问是否有其他需要。

正确的沟通示范

获得即时反馈。

"我很高兴我们找到了符合您空间需求和风格需求的沙发。您对这个解决方案满意吗？"

提供附加帮助。

"关于沙发的安装和维护，如果您需要任何帮助，我们随时提供支持。"

进行后续跟进。

"我会在一周后与您联系，了解沙发是否令您满意，并看看是否有其他方面我们能够协助的。期待与您再次交流。"

通过上述方式，F 女士不仅确认了问题已得到解决，还计划了后续跟进工作，从而有机会维护与客户的长期关系。

小提醒：有关确认和跟进的细节

如果你意识到在确认和跟进方面有所疏忽，应立即采取措施进行补救。比如，如果发现忘记了进行后续联系，那么尽快与客户取得联系，了解他们的需求和反馈，并根据情况提供进一步的支持以及优惠产品或服务。这样做不仅能挽回可能流失的客户关系，还能在修复过程中获取宝贵的反馈。

6. 建立并优化长期客户关系

持续沟通和改进不仅是问题解决流程的一个延伸，也是维护长期客户关系的关键。它的目的是持续了解客户的需求和满意度，并针对可能出现的新问题或反馈进行相应的回应和改进。

◈ 常见示例

场景：G 先生是一家汽车维修店的客服代表。他解决了客户关于修车质量的问题，但在之后没有进行任何回访或跟进。

不当行为

问题解决后，G 先生长时间不与客户进行沟通或了解其新的需求和反馈。

为什么这样做会有损失？

- **失去改进和优化的机会。**G 先生没有与客户进行后续沟通，导致无法收集到他们对于修车质量或服务体验的反馈。这种反馈通常是进行服务改进的重要依据。
- **陷入流失长期客户的风险。**G 先生长时间不与客户沟通会让客户觉得不被重视或受到忽视，从而导致客户考虑其他维修店或服务提供者。

有效的行动方针

（1）设置回访时间表。根据业务性质和客户需求，设置一个定期回访的时间表。

（2）收集反馈。在回访中，不仅询问客户对已接受的服务的满意度，也要探究客户有无新的需求或问题。

（3）定期回访。每隔一段时间（比如每季度）与客户进行一次回访，使用调查问卷、电话沟通或微信交流等方式收集他们对于服务或产品的意见，并询问客户是否有其他需求。

正确的沟通示范

定期回访。

“问题解决后一个月内，我们会与您联系，以确保您对我们的维修服务感到满意。”

收集反馈。

“您的车辆在维修后是否正常运行？我们非常重视您的意见，如果您有任何新问题或额外需求，都请告知我们，我们会全力协助解决新问题或满足您的新需求。”

通过这种持续沟通和改进的方式，G 先生不仅可以持续优化他的服务，还能提前发现并解决可能会影响客户满意度的新问题，从而进一步加强与客户的关系，在客户心目中打造品牌的积极形象。这种策略有助于长期保持客户的满意度和忠诚度，为未来的业务增长打下坚实基础。

小提醒：持续关注客户

如果意识到在持续沟通和改进方面有所不足，不妨立即制订一个系统的客户回访和反馈收集计划。例如，使用 CRM 系统（客户关系管理系统）或笔记本来追踪客户互动，或者设定时间提醒来确保每季度都会进行客户回访。这样做有助于提高客户满意度，持续改进服务质量，并提高客户忠诚度。

7. 预测并提前处理客户异议

在销售拜访中同样需要细致地处理和跟踪客户异议。通过对这些异议进行系统的搜集和分析，你可以更精准地了解客户的需求和疑虑，从而有效地解决现有问题，并预防未来可能出现的问题。

◈ 常见示例

场景：H 先生是一名软件销售总监。他经常出去拜访客户，但没有专门的系统来记录和跟踪客户的反馈或异议。

不当行为

H 先生没有记录客户异议，或者仅仅在口头上应对客户异议，没有进一步地跟进。

为什么这样做会有损失？

- **数据缺失。**由于没有系统地收集数据，H 先生无法准确地了解客户的需求和疑虑。
- **准备不足。**在销售过程中，准备不足指的是销售人员没有提前并充分了解客户可能提出的不同类型的异议，以及这些异议出现的频率。这种准备不足会导致 H 先生在面对客户异议时无法迅速有效地回应。

有效的行动方针

（1）**用正确方法记录反馈。**H 先生可以选择使用 CRM 软件或者传统工具，如 Excel 软件或笔记本来记录每次拜访中客户提出的问题和异议，以及客户的其他反馈。关键是要准确记录下每一个客户问题、反馈和异议，以及异议的类型（如产品质量、价格等）和详细情况。正确的记录方法不仅可以帮助 H 先生全面地了解客户需求，还提供了关于如何改进产品或服务的宝贵数据。

（2）**分析数据与准备策略。**H 先生需要定期整理和深入分析这些记录，以识别常见的问题和异议类型。根据分析结果，H 先生应当设计具体的应对方法和解决策略，这样做有助于他在未来遇到类似问题时，快速运用明确且有效的处理方式。

通过采用上述数据驱动的方法，H 先生将有效地优化他的销售策略、提升他的服务质量，为客户提供更加满意的体验。

小提醒：在每次拜访结束后都记录关键信息

如果之前没有系统地搜集和分析数据，那么现在就开始做起。使用 Excel 软件或笔记本进行记录，确保每次拜访后都记录下关键信息。在进行了数据搜集、整理和分析后，定期审视这些数据，并根据分析结果进行相应的调整或优化。通过这种手动但系统的方法，你不仅能应对和处理现有的客户异议，还能预测并预防未来可能出现的问题，从而更加有效地进行销售拜访，增强自信心。

8. 保持诚实与沟通的透明度

面对客户提出的无法立即处理的异议，最好的策略是以透明的方式、诚实的态度与客户沟通。这样做能够体现你的专业态度，有助于维护和加强你与客户之间的信任关系。

◈ **常见问题**

- **过度承诺**：为了缓解短期压力，有些销售人员会做出无法实现的承诺。
- **信息模糊或沟通不透明**：为了避免困境，有些销售人员会故意使用模糊的语言与客户沟通，或者不主动与客户沟通目前存在的问题或实现目标的障碍，从而降低了客户信任感。

场景：I 先生是一家软件公司的销售代表，客户提出了实现某一特定功能的需求。实现这个功能需要两个月的开发时间。

不当行为

- **过度承诺。**I 先生对客户说："这个功能应该很快就能开发出来，最多需要一周的时间。"
- **沟通不透明。**在发现功能交付时间不得不推迟后，I 先生没有主动与客户沟通，而是等客户来询问。

为什么这样做会有损失？

损害信任。由于I先生的过度承诺和其不透明的沟通方式，客户会觉得被欺骗，这将长期影响与客户的关系。

增加压力。这样做不仅会导致客户对I先生失去信任，而且还给开发团队带来了额外的压力，因为他们现在不得不在更短的时间内完成更多的工作。

小提醒：如果已经出现这种问题如何补救

如果出现了过度承诺和沟通不透明的情况，I先生可以考虑采取以下方法进行补救。

- **承认错误并道歉：**“我真的很抱歉，我之前给出的时间预测是错误的，这是我的失误。”
- **重新设定期望：**“实际上，开发这个功能需要大约两个月的时间。我保证会每两周向您汇报一次进度。”
- **提供补偿或备选方案：**“为了弥补这个延误所造成的损失，我们愿意为您提供一些额外的支持或服务。”

通过这种方式，虽然不能立即修复信任，但至少是一个积极的开始，有助于重新建立与客户的关系。

有效的行动方针

（1）进行明确的沟通。如果问题不能立即解决，明确告知客户，向其解释为什么不能立即解决以及需要多长时间才能解决。

（2）提供备选方案。如果有其他解决方案或临时补救措施，务必让客户知道，并解释这些选项的利弊。

（3）管理期望值。用明确、可量化的指标（例如时间、成本等）来管理客户的期望值。

（4）定期更新。在解决问题的整个过程中，保持与客户的定期沟通，并向客户汇报进度。

正确的沟通示范

进行明确的沟通。

“我了解这个功能对您非常重要，但开发它需要大约两个月的时间。我们团队会全力以赴来满足这一需求。”

提供备选方案。

“在这个功能上线之前，您可以考虑使用我们的另一个功能 XXX。尽管它的功能不如您所要求的那么完美，但它能满足您大部分的需求。”

管理期望值和定期更新。

“我会每两周与您进行一次沟通，以便让您了解这个功能的开发进度。”

通过上述方式，I 先生不仅可以表达对客户需求的理解和重视，还能够通过诚实和透明的沟通，建立起更坚实的客户信任基础。

9. 重视客户反馈的价值

重视和理解客户的反馈或异议不仅是解决问题的前提，还有助于建立起持续改进产品或服务的重要机制。客户的反馈是无价的，因为它来自直接使用你的产品或服务的人。

◈　常见示例

场景：J 女士是一家在线教育平台的销售顾问。一个客户反馈说：“课程内容太难了，我跟不上。”

不当回应

J 女士说：“我们的课程是根据大多数学生的能力设计的，一点都不难呀，你是不是没有好好学啊？”

为什么这样回应不合适？

- **忽视个体差异。**这样的回应认为所有学生的学习能力应该相同，而没有考虑到不同学生有不同的学习节奏，面临着不同的学习挑战。这样的回应会让客户觉得他们的问题或困难没有被重视或认真对待。
- **显露出责备客户的心态。**J 女士使用“你是不是没有好好学啊？”这样的语句，会让客户觉得跟不上课程是他们自己的问题，而不是平台的课程设计或其他方面的问题。这样的话语会对客户造成心理负担，降低客户对平台的满意度。
- **未充分利用反馈。**获得任何客户反馈都是提升服务质量和客户体验的宝贵机会。这样的回应没有将客户反馈视为一种改进服务的机会，反而让客户觉得他们的意见并不重要。这种回应错过了利用客户反馈改进课程内容和教学方法的机会，无法进一步提升整体教学质量和客户满意度。
- **破坏信任。**J 女士的回应会导致客户失去对平台的信任，因为这样的回应传达出教育平台无法满足客户个性化需求的信息。客户可能会认为平台缺乏灵活性，无法适应个体差异，从而开始怀疑这个平台是否真的关心他们的学习进展和需求。这种回应不仅可能导致客户流失，还可能影响平台的声誉，因为失望的客户可能会在社交媒体或其他平台上分享他们的负面体验。因此，J 女士的回应不仅对当前的客户关系有害，还可能对平台的吸引力产生负面影响。

有效的行动方针

（1）**记录和整理。**将所有客户异议和客户反馈记录下来并做整理。

（2）**定期复盘和分析。**至少每季度进行一次深度分析，以找出客户反馈背后可能存在的普遍问题或趋势。

（3）**进行跨部门沟通。**与产品开发、市场、客服等相关部门共享客户反馈，并共同讨论可能的改进方案。

正确的沟通示范

在收到客户认为课程内容太难，自己跟不上的反馈后，J 女士可以这样回应。

充分认可反馈。

“非常感谢您提供的反馈，您可以具体和我说一说您所说的学习难度问题。”

提出具体解决方案。

“您的情况我们了解了。我们也提供定制的教学计划和辅导服务，以帮助您跟上课程进度。”

告知后续行动。

“另外，我会将您的反馈转达给我们的产品团队，以便我们能在未来进一步改进。”

通过这种方式，J 女士不仅解决了客户当前的问题，还为整个公司提供了价值，使其能够持续改进和成长。

通过上述 9 个关键策略和相关的沟通示范，我们了解了如何更有效地应对和处理客户异议。这些策略有助于推动销售、提升客户满意度，还能帮助我们在更深层次上理解客户的需求、建立更稳固的客户关系。

6.1.2 异议应对实操建议

面对现有客户或潜在客户的异议和问题，应该如何有效且妥当地进行回应？成功的销售不仅仅提供产品或服务，它更是一个相互理解、沟通和建立信任的过程。本节将继续探讨几种应对客户异议的具体方法和实操建议。这些方法和建议有助于直接应对客户当前的异议，满足客户的需求和期望，从而进一步加强客户关系。

1. 通过问题了解客户真正的需求

当客户提出异议时，识别这些异议的底层动机是至关重要的第一步。在回应之前，考虑使用开放式或探究性的问题来深入地了解客户的需求和担忧。这种方法有下面几个好处。

- **获取更多信息。**提问可以帮助你收集更多关于客户需求和担忧的详细信息，有助于为客户提供更具针对性的解决方案。
- **体现关注。**通过提问，你传达了一个信息，即你关心客户的需求和问题，而不仅仅是想完成一笔交易。
- **减少误解。**直接回应客户的异议会基于你对异议的假设，而提问可以减少这种假设带来的风险，确保你和客户都清楚地理解问题，减少彼此之间的误解。

实际操作建议

- **仔细倾听客户的反应。**当客户提出异议时，重要的是首先倾听而不是立刻回应。要观察客户的语言和非语言信号，以更好地理解他们的真实意图。
- **使用开放式问题。**开放式问题鼓励客户提供更多的信息，而不是给出简单的“是”或“否”的回答。例如，“您能详细描述一下您对产品性能的具体担忧吗？”或者“您对我们的服务有什么具体的期望或需求吗？”
- **避免假设和推断。**避免基于自己的假设或经验来判断客户的需求。每位客户的情况都是独特的，所以重要的是保持开放态度，了解每位客户的具体情况。

- **总结和确认。**在听取客户的回答后，简要总结他们所说的内容，并与他们确认。这不仅表明你在仔细聆听，还帮助你确保正确理解了他们的意思。
- **提供个性化的回应。**根据客户的具体需求和担忧，提供个性化和有针对性的回应。在回应中，表明你会积极寻找解决他们的问题的方法。

通过上述方法，你能够更准确地识别客户的实际需求和担忧，为进一步展示产品价值或服务价值，并提供有针对性的解决方案打下基础。

2. 展示产品或服务的长期价值

当客户异议主要集中在价格或其他可量化的因素上时，向客户展示你的产品或服务能够带来长期价值是非常重要的。具体来说，你可以采取以下两个方法。

（1）确认异议的核心点

在销售领域，“确认异议的核心点”是指销售人员在交流过程中，精确地辨识并深刻理解客户表达的疑虑或顾虑，并据此提供恰当的解释或解决方案。“确认异议的核心点”的过程不仅涉及对客户所说内容的直接反应，而且涉及对客户未直接表达的担忧和需求的深入洞察。这一过程实际上是一种基于仔细倾听、深刻理解和有效沟通的策略，目的在于通过解决客户的具体问题来推进销售进度。

在销售对话中，客户的异议通常反映了他们对产品或服务的不确定感或疑虑，或者对产品或服务的需求不够明确。通过有效地处理这类异议，销售人员不仅能够展现对客户需求的深刻理解，及时解决客户的疑问，从而与客户建立起信任，还能进一步展示产品或服务对客户的实际应用价值，以及产品或服务的深层价值和长期优势。有效地处理异议不仅有助于即刻的成功销售，更在建立长期客户关系和良好的口碑中发挥着关键作用，能为产品和品牌赢得持久的认可和客户忠诚度。

下面，让我们通过一个具体案例（案例 6-1）来深入探讨这一理念在实际销售场景中的应用。

案例 6-1　W 总购买管理软件系统之前的担忧

客户 W 总正在考虑采用一款新的管理软件系统。他对提升工作效率很感兴趣，认识到这一系统的潜在价值。然而，在做最终决定之前，W 总希望了解更多关于这个系统的信息。他的主要顾虑集中在两个方面：一是软件系统的复杂性，二是员工的适应能力。

对话示例

W 总："我们确实需要一个这样的管理系统来提高效率，但我看了一下你们的软件[①]，它看起来非常复杂。我担心我们的员工可能无法有效地使用它。"

销售人员 S 先生（应对策略：通过提问来确认和澄清）："我理解您的顾虑。在考虑引入新系统时，确保员工能够顺利适应和有效使用是非常重要的。请问，您的主要担心是关于员工的适应能力，还是培训和实施过程的时间成本呢？"

W 总："我认为都很重要，但我最担心的是员工如何适应这个系统。"

销售人员 S 先生（应对策略：直接展示解决方案，提供根据客户需求定制的培训计划和全面的客户支持服务）："明白了。请允许我通过一个简短的演示来向您展示我们软件的用户界面。您会发现，尽管它功能强大，但我们特别注重用户体验的设计。例如，这里的快捷操作可以让员工更快地熟悉并使用主要功能。此外，我们还特别重视培训和后续支持，我们有一套详细的培训计划和全天候的客户支持服务来确保团队顺利通过使用过渡期，并协助团队解决任何操作上的问题或疑问，为团队及时提供帮助和指导。

① 在这一案例中，"系统"和"软件"为同一事物，均指销售人员 S 先生所销售的产品。——编者注

W 总："好的，这么做让人感到放心。但我还是有些担心，从长期角度来看，这个投资是否值得？"

销售人员 S 先生（应对策略：展示软件的长期价值和优势以及客户案例；通过客户案例和具体数据，展示软件的长期效益和投资回报）："我理解您的担忧。您这个投资是非常值得的！让我分享一个客户案例——这家公司在引入我们的系统后，不仅效率提升了，而且在第一年就节约了大量运营成本。"

销售人员 S 先生（应对策略：强调为客户提供持续的支持和优化服务，说明软件公司能够提供持续的技术支持和定期的软件更新服务，能够满足客户的长期需求）："我们的系统设计会随着您的业务增长而优化，并提供长期价值。此外，我们还提供定期的软件更新服务，以确保系统始终满足您的业务需求。"

销售人员 S 先生（应对策略：主动提出解决方案）："如果您觉得合适，我们可以安排一个演示会或者提供一个试用期，让您的团队亲自体验这个系统。这样您就可以更加充分地了解它的实际效果，以便做出最佳决策。"

W 总（明确答复）："这听起来很有说服力。我认为我们可以进行更深入的讨论。请安排一个详细的演示会，我们想看看实际的操作情况，也进一步了解您提到的培训和支持服务。"

通过案例 6-1，我们看到了销售人员 S 先生是如何有效地消除客户对软件复杂性和员工适应能力的顾虑的。S 先生首先通过提问来确认和澄清客户的主要担心点。接着，他通过演示展示了软件的易用性，并介绍了定制化的培训计划，这个培训计划可以帮助员工更快地适应新系统。此外，S 先生通过强调软件的长期价值、分享成功的客户案例增强了客户对公司产品的信任。

为了进一步提升客户的信心，S 先生还提出了提供产品试用服务的方案。这不仅让客户有机会亲自体验软件的实际效果，还有助于全面展示系统的价值和优势。

上述应对策略不仅消除了客户的疑虑，而且成功地展示了产品的长期价值和优势。通过这些沟通方法，S 先生可以促成交易成功，与客户建立长期的关系，并使产品赢得客户的认可和青睐。

（2）关联价值和成本

- **总体拥有成本**（Total Cost of Ownership，TCO）：TCO 涵盖了购买和使用产品或服务的全部成本，即从最初的购买费用到长期的运营和维护成本。

以一款打印机的例子来说明。假设你正在销售一款打印机。尽管这款打印机的初始购买价格较高，但它使用的墨盒更为经济，维护需求也较少，且具备更强的耐用性。虽然客户在初次购买时需要承担较高的初始成本，但由于后续维护成本和墨盒成本较低，因此在整个产品生命周期中，这款打印机实际上更划算。

基于 TCO 这个概念，当客户觉得这款打印机价格太高时，你不妨这样回应："这款打印机的初始购买价格确实相对较高，但您要知道，相比之下，它的维护成本和耗材价格是比较低的。比如，普通的打印机墨盒可能需要每个月更换一次，而这款打印机的墨盒寿命是普通墨盒的两倍。再加上打印机出色的耐用性和低能耗，实际上从长期来看，您会发现它更加划算。"

这样的沟通方式不仅有助于消除客户对价格的疑虑，帮助你与客户建立信任关系，而且可以引导客户从更多角度思考他们的购买决策，进一步提高你的销售成功率。

小提醒：向客户明确产品的长期价值

明确概念。首先，要向客户明确，购买一个产品或服务的成本不仅仅是初始价格，还包括长期使用过程中可能产生的其他费用，比如维护费、运营费等。

> **做出对比。**这里以一个简单的例子来说明。假设你在销售一种节能灯泡。虽然它的价格比普通灯泡高，但是由于它的使用寿命长、电量消耗少，实际上从长期看更省钱。如果向客户提供具体的对比数字，可以使上述观点更有说服力。例如，“虽然这款节能灯泡的初始价格是普通灯泡的两倍，但由于它能用更长的时间，具备节能特点，实际上每年能帮您节省 30% 的费用。”
>
> **简化计算。**如果可能，提供一个简单的计算方式或者工具，让客户自己也能算出长期节省下来的成本。比如使用一个在线计算器，根据客户目前每天使用灯泡的时长和节能灯泡的功率，计算出每天的用电量，并基于电价，计算出节能灯泡一天所需的电费，进而计算出一年应花费的大致费用。然后，和普通灯泡所需费用比，看看能为客户节省多少费用。通过上述方式，你不仅能向客户详细解释产品或服务的长期价值，还能更有效地应对客户对价格的疑虑。

- **价值提升：**价值提升是指通过提高效率、增加营收或降低其他成本来为客户创造额外的价值。

  - **提高效率。**提高客户的业务流程效率可以显著提高其生产力，并节省时间和资源。客户可能会通过你的产品或服务更快地完成任务、减少重复性工作，从而在相同时间内完成更多的工作。举例来说，如果你销售的是一款项目管理软件，你可以强调它如何帮助客户更好地组织任务、分配资源，以及减少沟通成本和错误。
  - **增加营收。**为客户带来额外的营收是极具吸引力的价值主张。你的产品或服务是如何帮助客户吸引更多的客户、提高销售额或扩大市场份额的？如果你是一家广告代理公司，你可以向客户充分展示如何通过创意广告策略提高客户的品牌知名度和市场曝光度，进而带来更多的销售机会和营收增长。

➢ **降低其他成本。**除了产品的自身成本，还有许多与业务相关的其他成本可能会因使用你的产品或服务而降低。这可能包括人力成本、运输成本、能源成本等。举个例子，如果你要为客户提供智能能源管理解决方案，你可以具体说明该方案是如何通过优化能源使用，帮助客户降低能源费用，从而降低运营成本的。

3. 用实际成效证明产品或服务价值

- **定制化方案。**理解客户的具体需求和痛点，提供定制化的产品或服务以满足客户的特定要求。例如，一家餐厅可以根据客户的喜好和饮食需求提供个性化的菜单选择。
- **使用数据和成功故事。**使用数据和实际案例来展示你的产品或服务是如何实现效率提升、营收增加或成本降低的。通过具体的数据和成功故事，能够更有说服力地展现产品或服务的价值。
- **培训与支持。**提供培训和支持，确保客户能够充分利用你的产品或服务带来的优势。如果你提供的是软件解决方案，可以向客户提供培训课程和在线支持，帮助客户最大化软件价值。
- **长期合作。**与客户建立长期合作关系，持续关注他们的需求并优化合作关系。你的产品或服务可能随着时间的推移而不断发展，与客户保持紧密的合作关系有助于不断地为他们创造价值。

4. 利用演示应对客户异议

为了有效地应对客户的异议，提前准备一份精心设计的演示文件并准备好相关演示内容是一个稳妥的做法。首先，这一准备始于你对客户群体的深入理解，包括客户的需求、疑虑以及他们过去的反馈。这些信息有助于定位演示内容，帮助你精准地讲述你的故事。你要对产品或服务的每个细节了如指掌，并准备好实际的案例和客户评价来支撑你的演示，使你的演示更加有力、更具说服力。

接下来，演示准备的关键在于制作信息准确且能够吸引人的演示内容。通过在演示中融入视觉元素和互动环节，比如设计实时问答、投票环节或让客户分享他们的经验和想法，客户的参与感和兴趣会大大增加。这意味着你不仅是在通过演示传递信息，而且想让客户通过参与变成故事的一部分，从而加深对你的产品或服务的理解和认同。

此外，演示前的练习对于精准传达信息至关重要。练习可以帮助你熟悉内容，还能使你增强根据客户反馈进行灵活调整的能力。在演示过程中，你应根据客户的反应灵活调整演示的内容和节奏。同时，你要确保遇到技术问题时能够尽快解决相关问题，继续顺利演示。

通过上述准备和做法，你将通过演示有效地处理客户的异议，消除他们的疑虑，并深入展现你的产品价值或服务价值，提高成功销售的机会。这种方法既是一种销售技巧，也是一种双赢的策略，能够让客户真正感受到你的专业和热情，从而更有可能做出积极的反应。

5. 提供试用服务或优惠

在某些情况下，可以为客户提供产品或服务试用期或者某种优惠，让他们亲自体验产品或服务的价值，以消除他们的疑虑或处理相关的异议。你可以尝试下面的方法。

（1）**制定策略：** 根据目标客户群体和产品类型，设计试用方案或优惠政策。例如，提供 30 天免费试用期，或者提供首次购买折扣等。

（2）**充分沟通：** 在展示产品优势后，向客户介绍试用服务或优惠政策，明确且充分地说明试用服务或优惠的享受条件、享受期限和获取方式。

（3）**持续跟进：** 在试用期间，定期与客户沟通，收集他们的反馈，解决他们在使用过程中遇到的问题。这样做可以提升客户满意度，提高转化率。

6. 最后确认

在 2B 销售过程中或任何形式的客户互动中，最后确认是一个关键环节。这一步不仅仅是为了确认客户是否准备好购买或接受你的方案，还是一个再次确认客户需求、疑虑或担忧的机会，以确认你提出的方案是否真正解决了他们的问题。这一阶段的关键行动有如下 3 步。

（1）**总结讨论**：即将结束时，回顾你们讨论的重点，强调你的产品或服务是如何满足客户需求的，并提示客户可以选择试用或享受特别优惠。

（2）**提问确认**：直接询问客户在购买之前还有什么未解决的问题或未消除的疑虑，这样的开放式提问有助于鼓励客户表达他们的真实想法。也可以直接询问客户是否准备尝试或购买你的产品或服务。

（3）**安排下一步**：根据客户的回答，计划下一步行动，可以安排另一次会面，做进一步沟通，或进入购买流程。

简单来说，最后确认阶段是确认客户是否完全理解并满意你的提案的最后一步，也是为成功销售确定下一步行动的关键时刻。

通过采用以上方法和实操建议，你不仅能够消除客户的疑惑，还会改变他们对产品价值或服务价值的看法。这种认知转变会使他们愿意为长期收益支付费用。因此，即使最初客户对价格或其他因素有异议，这些方法也能让你将客户初步的异议转化为促进交易成功的有利条件。

6.1.3　实战策略：利用 ChatGPT 处理客户异议

在本节中，我们将进一步深化处理客户异议的主题，通过 9 个涵盖不同情境的实用案例（案例 6-2—案例 6-10），向你展示如何借助 ChatGPT 有效地应对和处理客户异议。在销售过程中，客户提出异议是不可避免的，妥善处理异议会成为建立信任和成功转化客户的重要手段。本节中的案例不仅能够帮助你应对处理异议时所面临的各种挑战，还有助于你更加娴熟地建立和维护长期的客户关系。

在进入案例之前，有以下几点请你了解。

- 在后面的案例中，“提问”“追问”是 ChatGPT 帮助不同情境中的“你”向客户提出的问题，“回应”是 ChatGPT 帮助“你”处理客户异议时对客户所做的回应。
- ChatGPT 在以下案例中起到的是类似于“顾问”或“教练”的作用，它将提供有关如何更有效地处理客户异议的指导和建议。
- 案例中示范的目的是让你了解如何在实际销售场景中应用 ChatGPT 的建议。换句话说，当你和潜在客户对话时，你可以参考 ChatGPT 的建议，从而更有效地消除客户的疑虑、处理客户的异议。
- 案例中的“小提示”用于强调关键点或提供额外的建议。

案例 6-2 应对 2B 销售中的价格异议

情境描述

你是一名软件销售人员，专门负责销售企业级 CRM 系统。你的潜在客户是一家中型企业。在沟通过程中，客户对价格表达了强烈的异议。客户说：“你们的 CRM 系统功能确实强大，但价格太高了，我们预算有限。”

ChatGPT 指导

- **深入了解客户对价格的看法**

提问：“您觉得价格高是与哪个方面比较呢？”

- **探究客户的其他考虑因素**

追问：“如果不考虑价格，您觉得我们的系统能满足您的哪些需求？”

> **小提示：**这样问能帮助你了解客户真正需要什么，并能更精准地展示产品价值。

- **适时展示产品或服务价值**

在恰当的时刻向客户明确展示产品或服务的价值至关重要，特别是当客户对价格敏感或对是否购买犹豫不决时。

回应：“我了解预算对您来说是个重要因素，但考虑到我们系统提供的自动化和数据分析功能，它实际上能帮您减少运营成本、提高效率。从长远来看，这是一个值得投资的选择。”

> **小提示：**你可以就此提供真实案例或数据，进一步展示产品价值，从而有力地支持上述观点。

- **提供定制方案**

如果客户的预算真的有限，与客户探讨是否有可能接受分期付款或符合其预算的方案。

回应：“我们也提供分期付款的选择，或者我们可以为您定制一个符合预算的方案。”

- **与其他选项比较**

如果客户正在考虑其他性价比更高的选项，指出那些选项可能缺少的关键功能，或者指出它们带来的长期运营成本相对更高。

回应：“与市场上的其他选项相比，我们的系统提供了全面的数据安全保障和 7/24 的客户服务支持。”

- **提供赠品或附加服务**

为客户提供一些额外的产品或服务作为赠品，可以增加总体价值但不降低价格。

回应：“如果您现在选择我们的 CRM 系统，我们可以额外提供三个月的技术支持。”

- **强调不是一次性交易**

可以提醒客户，选择你的 CRM 系统不仅仅是一次性的交易，而且是一种长期投资，它能够带来持续且逐渐增加的回报。

回应：“购买我们的系统不是一次性的交易，这其实是一个长期投资，它将帮助您的公司在未来节省成本并增加收入。所以，从长期角度来看，这实际上是一项非常有回报的投资。”

- **为客户降低风险**

提供试用期或者退款政策，以减少客户对价格的顾虑，帮助客户降低风险。

回应：“如果您还在犹豫，我们也提供一个 30 天的试用期以及全额退款政策。您可以先试用，确认它是否符合您的需求，这会大大降低您的风险。”

- **利用权威背书**

如果你的产品被行业专家或知名企业使用并推荐过，不妨让客户知道。

回应：“我们的 CRM 系统已经被多家知名企业和行业专家广泛使用和推荐。例如，XX 知名专家在他最近的一篇文章中极力推荐了我们的产品。”

案例 6-3　应对 2C 销售中的交货时间异议

情境描述

你是一名家具店销售人员，一位客户对你推荐的沙发很感兴趣，但对交货时间提出了异议。客户说："我喜欢这款沙发，但需要三周的交货时间，实在是太长了。"

ChatGPT 指导

- **通过问题了解客户真正的需求**

提问："具体来说，您希望交货时间是什么时候？"

- **倾听，然后提供解决方案**

回应："我听到您对交货时间很担忧。如果是特殊情况需要加急，我们可以提前安排。"

> **小提示：**充分倾听客户的需求是找到解决方案的第一步。在你提供具体的解决方案之前，确保你理解了客户的实际需求，只有这样你的回应才能更加精准和有效。

案例 6-4　应对在线销售中有关产品品质的异议

情境描述

你是一名电子商务平台的客服，一位客户对一款智能手表的品质表示怀疑。客户表示："我在其他平台看到了这款手表，有人评论说品质不怎么好。"

ChatGPT 指导

- **通过问题了解客户真正的需求**

提问："您能具体说明您对品质有哪些担忧吗？"

> **小提示：**这样问可以准确地了解客户的顾虑。

- **提供品质保证**

回应：“我们的智能手表都通过了严格的质量检查，并提供一年的保修服务。此外，我们还有 30 天无理由退货政策。”

> **小提示：**当客户提到其他人说你的产品不好时，直接反驳这些评论或者回应说“别听别人的，他们可能是竞争对手的托儿”，会让客户觉得你在推卸责任。更好的做法是，不要浪费时间去反驳，而是直接且明确地解释你的产品的优点和质量保证政策，比如一年的保修服务或 30 天无理由退货政策。这样做不仅可以给客户一个符合实际且明确清晰的理由来信任你，也更可能成功地达成这笔交易。

案例 6-5　应对电话销售中的时间异议

情境描述

你是一名电话销售专员，专门负责推广一门在线培训课程。在与一位潜在客户的沟通中，尽管客户对课程表现出了兴趣，但他对时间提出了异议。客户说：“我对这个课程很感兴趣，但我现在真的没有时间。”

ChatGPT 指导

- **评估异议的真实性**

提问：“我理解时间很宝贵。如果时间不是问题，您会考虑参加这个课程吗？”

> **小提示：**这样问可以帮助你了解“没有时间”是否是客户真正的担忧。

- **如果时间确实是个问题，强调课程的灵活性**

回应：“我们的课程设计得非常灵活，您可以根据自己的时间安排来学习，无须按照固定的时间表。而且，每周只需要投入几个小时，您就能获得非常有价值的专业知识和技能。”

- **提出试用建议**

回应：“如果您愿意，我可以安排一个短期的试用，让您亲身体验课程的灵活性和课程效果，您觉得怎么样？”

> **小提示：**“没有时间”可能是一个表面的拒绝理由，也可能是一个真实的障碍。处理时间异议的关键在于，先确定其真实性，然后再提供相应的解决方案。如果你面临的问题是客户不想被进一步打扰，那么最好尊重他们的决定并礼貌地结束对话。然而，如果你是在面对面的场合中向客户介绍产品，你通常会有更多的时间和空间来展示产品的价值。如果客户表示“课程很好，但时间是个问题”，你就有机会进一步探究。例如，你可以询问：“如果时间不是问题，您会考虑参加这个课程吗？”如果答案是肯定的，那你就获得了一个很好的机会来讨论课程的灵活性和它能为客户带来的长期收益。这种方式能帮助你更准确地判断“没有时间”是一个真实的障碍，还是一个委婉的拒绝，并据此采取相应的行动。

案例 6-6　应对房地产销售中有关地理位置的异议

情境描述

你是一名房地产售楼顾问，正在向一位潜在客户推荐一个新建住宅项目。在沟通过程中，客户对地理位置提出了异议。客户说：“这个地方离我工作的地方太远了。”

ChatGPT 指导

- **了解客户的关注点**

提问：“我了解到您对通勤距离有一些考虑。通常，您觉得多长的通勤距离是可以接受的呢？”

提问：“除了工作地点之外，您认为还有哪些因素（例如，是否靠近学校或商场）对于选址非常重要？”

> **小提示：**这样的问题既能获得客户的需求，也能让客户向你提供更多的信息。

- **提供多维度的价值**

回应：“我明白通勤对您来说是个重要考量。但除了距离，这个项目也有其他吸引人的方面。比如，这里有优秀的学区，还有丰富的社区设施。”

回应：“由于这个项目位于非中心区域，我们实际上可以提供比市中心更有竞争力的价格。”

- **提出具体行动建议**

回应：“如果您有兴趣，我可以安排您参观社区和周边设施，这样您可以更全面地评估这个项目是否符合您的需求。”

> **小提示：**提问方式非常关键，尤其是在涉及客户可能感觉敏感或不愿意分享的信息时；试着使用开放式或引导性的问题，以减少客户可能存在的心理障碍或不适感；感觉“远”或“近”都是相对主观的词汇，最好通过与客户的深入对话，了解其背后具体的需求和疑虑。在了解客户的痛点后，才能更有针对性地展示你的产品或服务的优点，以解决客户的实际问题。

案例 6-7　应对汽车销售中有关性能的异议

情境描述

你是一家汽车经销商的销售代表，正在向一位客户推荐一款 SUV。客户对该车型的油耗表示出担忧。客户说："这款 SUV 的油耗有点高。"

ChatGPT 指导

- **深入了解客户需求与担忧**

提问："您一般都在哪种路况下驾驶？城市还是高速路？"

提问："您每个月大约需要驾驶多少公里？"

> **小提示**：这两个问题有助于更准确地解释影响油耗的因素，并思考这款 SUV 是否真的适合客户。

- **适时展示价值并给出解决方案**

回应："我明白油耗对您来说是一个重要的考虑因素。虽然这款 SUV 的油耗相对较高，但它在功率、安全性和车内空间方面都表现得非常优秀。如果您经常需要进行家庭出行或长途驾驶，这些特点可能更能满足您的需求。"

回应（节能型方案）："如果油耗是您最关心的问题，我们有一款更节能的车型可供选择。这款车型在市区的油耗为每百公里 8 升，在高速公路上行驶为每百公里 6 升。"

回应（平衡型方案）："这款节能车型虽然在功率方面稍逊一筹，但在燃油效率和环保性能方面有明显优势。"

回应（试驾体验方案）："如果您愿意，我可以为您安排两款车型的试驾，这样您可以亲自体验两者的性能差异，并根据您的实际需求做出最合适的选择。"

小提示： 当面对客户关于产品性能的异议时，最有效的方法是通过提供具体的方案和选项来满足他们不同方面的需求。这样做不仅能显示出您对客户需求的理解，还能为其提供一个全面的解决方案。

案例 6-8 应对高端餐饮销售中的价格异议

情境描述

你是一家高端餐厅的销售经理，正在尝试将一个企业客户从选择快餐或者中等价位的餐饮服务转向选择高端餐饮服务。客户对你说："你们的价格比我们通常去的地方要贵很多。"

ChatGPT 指导

- **理解客户的预算考虑**

回应："我理解价格是您选择餐饮服务时的一个重要因素。我们的价格确实高于一些常规餐厅。"

- **了解客户即将进行的活动或工作安排**

提问："您这次有没有什么特殊的工作或活动安排，比如商务会议或庆祝活动？"

小提示： 这样问，你就可以更具针对性地展示餐厅的优点。

- **适时展示价值**

回应："我了解价格是一个重要的考量因素。但如果您有特殊的活动或工作安排，我们的餐厅提供的不仅是食物，还有一流的服务和环境，能让您的活动更加成功和难忘。"

- **提供定制化方案**

回应：“针对您的特定需求或活动，我们还可以提供定制化的菜单和服务方案。全方位服务和高品质的食材，可以确保您和您的客人拥有一次美好的用餐体验。”

- **提供会员优惠方案并强调性价比**

回应：“您如果办一张我们的会员卡，将能享受专属优惠和积分，这样长期来看，您会发现在我们这里用餐其实更经济。”

小提示：在处理价格异议时，可以考虑为客户提供长期优惠方案，或介绍会员制度，以展示公司除了提供高品质的产品和服务，还关心客户的长期利益，愿意提供更加经济实惠的服务。这样做能提高客户的忠诚度，有助于将目前的关系转化为长期的商业合作关系。

案例 6-9　应对 IT 服务行业中的合同期限异议

情境描述

你是一家 IT 解决方案提供商的销售人员，正在与一个潜在客户讨论一份合同，该合同的主要内容是为客户提供一年的技术支持。客户对你说：“一年的合同太长了，我们只想先试用几个月。”

ChatGPT 指导

- **了解客户需求**

提问：“您是担心我们的服务可能不符合您的期望，还是有其他特定的考虑因素吗？”

- **适时展示价值**

回应：“我完全理解您希望先进行试用的需求。事实上，我们的一年合同是经过精心设计的，包括了定期的服务质量评估、7/24 的客户支持以及定制的解决方案等多项特色，为的是向您提供最全面的技术支持。这不仅可以让您在长期内节省成本，还能确保您不断地从我们的专家团队中得到价值。同时，我们还提供一个月的无风险试用期，让您有机会全面了解我们的服务质量。”

小提示：在处理关于合同期限的异议时，不仅要注意合同中的量化因素（例如时间和费用），还需要强调合同带来的长期价值和服务连续性。这涉及对服务包含的各个方面进行细致的解释，例如常年的技术支持、质量保证措施和灵活性等，以此来提高客户对于长期合同的接受度。同时，提供试用期或短期合同选项也是一种降低风险的有效手段。这样做，你不仅能针对客户的问题直接提供解决方案，还能从多个维度展示你的服务价值，从而加强客户的信任、提升合同的接受度。

案例 6-10　应对零售行业中有关产品价格和质量的异议

情境描述

你是一家服装店的销售员，一个顾客正在考虑购买一件高端品牌的夹克。看得出顾客很喜欢这件夹克，但是因为价格比较高，她在犹豫是否购买。客户对你说：“我很喜欢这件夹克，但这个价格有点儿高，我不确定它的质量是否值这个价。”

ChatGPT 指导

- **表示赞同客户的品味**

回应：“您真有眼光。这件夹克非常有品味，它是我们高端系列中的明星产品。我理解价格是一个重要的考虑因素。”

- **了解客户需求**

提问：“您是担心这件夹克的耐用性，还是有其他的考虑，比如使用场景或者服饰搭配？”

- **突出产品材质和制作工艺**

回应：“这件夹克采用了顶级的意大利皮革，经过精密的剪裁和缝制。每一道工序都经过严格的质量检测，非常耐穿。”

- **强调适用性：产品适合多用途多场合**

回应：“除了材质和工艺之外，这件夹克也具有很强的实用性。它的设计非常时尚，既适用于日常穿着，也完全可以在特殊场合，如商务会议或晚宴中穿着。”

- **提供额外保证**

回应：“如果您还有顾虑，我们提供一个月内无条件退换服务，这样您可以更安心地试穿。”

小提示：在处理有关高价产品的异议时，以下几个方面值得特别注意。

- **清晰展现价值：**在销售高价产品或服务时，突出展示其真实价值至关重要，而不应仅仅聚焦于价格。理解客户对于价格与质量之间关系的期望非常关键，因为无论是实体产品还是服务，高价格反映了其卓越性能、独特优势、提供的高效解决方案以及其潜在的长期价值。通过深入交流，你需要了解客户的财务状况和需求，并充分展示你的产品或服务将如何为客户解决具体问题，或将为客户带来哪些好处。这样做有助于客户看到其价值，从而更容易接受其价格。

- **多角度展示价值：**除了产品的主要特点之外，还可以展示其他附加价值，比如品牌声誉、独家设计或者额外服务等。
- **考虑情感因素：**购买决策通常不是完全基于逻辑的，情感因素也起着重要作用。因此，在回应客户异议时，可考虑引入情感元素，比如讲述品牌故事、展示有关用户体验的案例、强调产品如何能够提升用户状态等。上述方式可以增强客户与产品的情感连接，这种连接有助于提升客户对产品价值的认同感。
- **逐一“击破”异议：**有时，客户的异议不止一个，需要逐一回应，给出有针对性的处理方案。
- **缓解风险：**通过提供退换保证、免费试用或者分期付款等政策或服务来降低客户的感知风险，从而增强他们的购买信心。
- **说明紧迫性与稀缺性：**合理运用紧迫性（如限时优惠）和稀缺性（如限量产品）可以激发客户的购买动机。这就要求销售人员能够精准把握时机，恰当地强调产品或服务的独特性和稀有性，以及限时促销的特殊性，以增加成交的可能性。
- **后续跟进：**处理了异议并不意味着销售过程已经结束，有效的后续跟进是建立长期客户关系的关键。
- **不断学习和调整：**通过不断地收集客户反馈和销售数据，可以持续优化你的销售策略和方法。

掌握以上详细的销售策略、销售知识和销售技能将使你更有信心、更有能力应对各种复杂多变的销售情境。然而重要的是要认识到，不同的销售情境有不同的特性和挑战。本节提供的案例和策略只是起点，在实际应用中，你还需要根据特定的客户、产品和市场环境做出调整。幸运的是，ChatGPT 能为你提供个性化的支持和解决方案。

正因为每个销售情境都有其特定需求，后面的“小提醒”将指导你如何更好地利用 ChatGPT，以获取适合特定场景的策略和信息。这是对第 3 章有关提问技巧的进一步拓展，也是对处理客户异议这一特定主题的深入探究。

小提醒：与 ChatGPT 讨论客户异议处理时应该注意什么

虽然你可能已经掌握了提问的基本技巧，但在与 ChatGPT 深入讨论客户异议处理时，以下要点可能会为你带来更多的启发和帮助。

- **详细描述异议的类型和场景。**不仅要向 ChatGPT 描述异议出现的场景（比如，电话销售过程中、商务会议上），还可以具体到场景的细节上（比如公司大小、行业类型等）。这有助于 ChatGPT 提供更精确和适用的解决策略。
- **呈现客户心态。**向 ChatGPT 呈现你认为的客户心态非常关键。除此之外，还可以尝试概述客户大致的经济条件、文化背景和心理需求，以便获得更全面的解决方案。
- **明确你的目标和底线。**如果有一个价格底线或其他不可妥协的因素，明确告诉 ChatGPT，并且描述你希望获得的最佳结果，以使 ChatGPT 给出的解决方案更具针对性。
- **问及可能的后续动作。**在获得解决方案后，询问 ChatGPT 如何将对话引入下一个阶段、如何进行跟进，或如何维护异议处理后的关系。
- **收集有多元视角的解决方案。**你可以针对同一个异议让 ChatGPT 给出多个用于向客户提问的问句，还可以让 ChatGPT 尝试从不同角度或采用不同方法解决问题。例如，询问 ChatGPT 如何运用心理学技巧处理客户异议，以及这么做可能会产生什么样的效果。通过以上方式，你能更全面地了解和应对客户的疑虑和需要。
- **收集反馈效果：**将 ChatGPT 的建议应用于实际场景后，务必积极收集相关数据或反馈，并随后与 ChatGPT 进行进一步讨论，以不断优化实践效果。
- **探求案例和最佳实践。**除了让 ChatGPT 提供解决方案，还可以询问 ChatGPT 是否能分享相关的成功案例、失败案例，或行业内的最佳实践，以供你参考，或作为警示。
- **明确时效性和紧急程度。**如果处理异议有时间限制或非常紧急，确保将这一信息放在问题中。

通过运用以上全面且细致的技巧与提示，你将更有效地运用 ChatGPT 来应对和处理范围更广、更复杂的客户异议。这些技巧和提示能够提升客户的满意度，有助于赢得客户的信任，构建更稳固的客户关系。

6.2 维护客户关系

维护客户关系不仅是一项长期的工作，也是企业获得成功的关键因素之一。很多人把焦点集中在完成销售上，却忽视了维护关系的重要性。在本节中，我们将探讨如何利用 ChatGPT 协助你更好地维护客户关系。

6.2.1 定期客户回访

定期联系客户、进行客户回访有助于提高客户满意度，促进销售和业务增长。我们可以在 ChatGPT 中输入某一客户的购买历史和反馈，向它询问最佳的客户回访策略。我们也可以用 ChatGPT 生成简单但专业的回访电子邮件模板或微信回复模板。

◈ 示例

提问阶段

你可以在 ChatGPT 中输入客户的相关信息，例如：

- 客户 A 在三个月前购买了一台高级咖啡机；
- 客户 A 通过微信反馈说他对产品非常满意；
- 客户 A 表示希望能了解更多有关咖啡豆的信息。

客户 A 三个月前购买了一个高级咖啡机，他通过微信表示对产品非常满意，并且想了解更多有关咖啡豆的信息。我应该如何进行客户回访？什么时间最合适？

由于客户 A 三个月前购买了高级咖啡机，并且对产品非常满意，现在是一个很好的时间点进行回访。您可以考虑通过电子邮件或微信进行回访。

下面是一个由 ChatGPT 生成的回访电子邮件模板。

邮件主题：您对我们的高级咖啡机的体验如何？

亲爱的客户 A：

您好！

三个月前，您从我们这里购买了一台高级咖啡机。我们希望了解您对产品的感受以及是否有任何建议。另外，您之前提到对咖啡豆感兴趣，我们刚刚推出了一个关于如何选择最佳咖啡豆的指南，因此特地准备了这份《咖啡豆选择指南》给您，指南在附件中，非常希望您会喜欢。

我们期待您的宝贵意见。祝一切顺利！

[公司名称][您的名字]

下面是一个由 ChatGPT 生成的微信回复模板。

亲爱的客户 A，您好！

时光飞逝，三个月前您购买了我们的高级咖啡机，不知道您是否喜欢呢？希望您使用愉快！

您之前提到对咖啡豆感兴趣，我们刚刚推出了一个关于如何选择最佳咖啡豆的指南，非常希望您会喜欢。点击 [这里](链接地址) 即可查看。如果您在使用产品过程中有任何问题或建议，我们都非常希望听到您的声音。期待您的反馈，祝您生活愉快！

[您的名字]

无论通过电子邮件还是微信，借助 ChatGPT，你都可以更加精准且个性化地进行客户回访，从而维护和巩固与客户的长期关系。

6.2.2 解决客户问题

当你遇到客户问题或者收到客户投诉时，也许会感到困惑或不知所措，特别是当这些问题或投诉涉及复杂或敏感的情况时。在这种情境下，ChatGPT 可以成为你的得力助手。

- **获得解决方案。**在 ChatGPT 中输入具体的客户问题或客户投诉，以及你对该问题的理解。比如，“客户投诉产品 X 有质量问题，并要求退款。我们的退款政策通常不覆盖这种情况，我该怎么办？”ChatGPT 可能会从不同的角度给出几个解决方案，比如协调退款、提供替代产品或其他补偿方法。
- **评估风险与影响。**在获得 ChatGPT 给出的解决方案后，你可以进一步询问 ChatGPT 这些方案的潜在风险和长期影响。比如，“如果我决定为客户退款，这会对公司的利润和客户关系产生什么影响？”
- **模拟客户交流。**在确定了解决方案后，你可以使用 ChatGPT 模拟与客户的对话。比如，你可以输入：“如果我告诉客户我们愿意退款，客户可能会有什么反应？”通过模拟与客户的交流对话，你可以更有准备地面对实际的客户交流。
- **生成回复模板。**最后，为给予客户一个满意的答复，你可以让 ChatGPT 为你生成一个专业且富有共情的回访电子邮件模板或微信回复模板，以便你能直接使用，或稍作修改后发送给客户。

通过采用上述步骤，你能够借助 ChatGPT 的综合分析和建议获得应对方案，有效地解决客户的具体问题。这种多角度、个性化的处理方式将帮助你在维护客户关系方面达到更出色的效果。

下面，我们通过案例 6-11 进一步了解 ChatGPT 是如何帮助销售人员解决客户问题、维护客户关系的。

案例 6-11　解决咖啡豆质量问题

情境描述

你是一家咖啡店的运营经理，一个重要客户通过微信投诉，说他最近购买的咖啡豆有质量问题，味道与之前不一样。

运用 ChatGPT 解决问题

- **获得解决方案**

你在 ChatGPT 中输入："一个长期客户投诉他购买的咖啡豆味道不对，我该怎么应对？" ChatGPT 建议，免费提供一批新的咖啡豆作为替换，并邀请他再次尝试。

- **评估风险与影响**

你进一步询问："如果我为客户提供免费替换的咖啡豆，这对我们的成本和客户忠诚度有什么影响？"ChatGPT 指出，在短期内，这样做会有一些成本，但长期来看，这种做法可能会提升客户的忠诚度。

- **模拟客户交流**

在了解了可能的解决方案和潜在影响后，你可以利用 ChatGPT 模拟客户可能的反应。例如，你问："如果我通过微信告诉他我们愿意免费替换咖啡豆，他可能会有什么反应？" ChatGPT 提示说，大多数客户会对这种解决方案感到满意，并可能会因此提升对咖啡店品牌的信任感。

- **生成回复模板**

最后，你让 ChatGPT 为你生成一个专业且富有共情的微信回复模板来回复客户的问题。你只需要稍作调整，便可通过微信发送给客户。

下面是由 ChatGPT 生成的微信回复模板。

尊敬的 [客户姓名]，非常感谢您一直以来对我们咖啡店的支持。我了解到您对最近购买的咖啡豆有一些不满，为此我深感抱歉。我们非常重视您的反馈，并已经开始调查该问题。为了解决这个问题，我们愿意为您免费提供一批新的咖啡豆作为替换，并邀请您亲自品尝。

为表达我们的诚意，我们还想送您一份小礼物，希望能稍微做些补偿。请问您是方便来店里换取新的咖啡豆和礼物，还是希望我们送货上门？再次对给您造成的不便和困扰表示歉意，我们珍视您的反馈，并期待尽快解决这个问题。

[您的名字]

通过案例 6-11，我们可以看到，运用 ChatGPT 可以快速地帮助我们找到具有针对性的解决方案，模拟客户可能的反应，让我们更全面地考虑问题。在实际应用中，按照 ChatGPT 给出的建议去做不仅能够提升解决问题的成功率，还能更有效地维护和巩固与客户的长期关系。

6.2.3　在重要日子问候客户

如果向 ChatGPT 提供日期和客户信息，它会为你生成个性化的生日祝福或节日问候，帮助你加强与客户的情感纽带和连接。

- **输入信息。**在 ChatGPT 中输入客户的基本信息，比如客户的生日日期、购买历史或特殊喜好。例如，你可以输入："客户张先生的生日是 9 月 15 日，他特别喜欢我们店里的拿铁咖啡。"
- **使用 ChatGPT 生成问候语。**询问 ChatGPT 如何生成一个个性化的生日祝福或节日问候。例如，你可以问："张先生的生日快到了，我该如何向他发送一个特别的生日祝福？" ChatGPT 回应："您可以提到他喜欢的拿铁咖啡，同时送上一张优惠券作为生日礼物。"
- **使用 ChatGPT 优化问候方案。**如果你有更多的时间和资源，也可以询问 ChatGPT 是否有更具创意的方式来为客户庆祝生日。例如，你可以问："有没有更特别的方式为张先生庆祝生日？" ChatGPT 回应："您可以创建一个个性化的拿铁咖啡配方，将其命名为'张先生的生日特调'，并邀请他来店里免费品尝。"
- **确认和发送。**最后，让 ChatGPT 生成一份个性化的完整生日祝福。你可以通过微信或电子邮件发送祝福或问候，甚至附加一张优惠券或特别礼物的二维码。

案例 6-12 为 Z 先生送上生日祝福

你的客户 Z 先生即将过生日，你知道他特别喜欢店里的拿铁咖啡。为了给他送上更好的生日祝福，你向 ChatGPT 寻求帮助。

首先，在 ChatGPT 中输入信息："张先生的生日是 9 月 15 日，他特别喜欢我们店里的拿铁咖啡。"然后，让 ChatGPT 生成问候语并优化问候方案。你可以问："他的生日快到了，我该怎样为他送上一个特别的生日祝福？"

亲爱的 Z 先生，祝您生日快乐！我们特地为您准备了一款名为'张先生的生日特调'的拿铁咖啡，期待您来品尝！

通过案例 6-12，我们可以看到 ChatGPT 在使用上的便捷性和实用性。个性化问候能够展示你对客户喜好的关注，并有效地加强了你与客户之间的情感联系。

6.2.4 提供个性化推荐

在维护客户关系的过程中，正确地向老客户推荐新产品非常关键。正确的产品推荐能够展示你对客户需求的深入理解，对于维护和加深客户关系至关重要。这意味着不能随意推荐，而是要基于客户的历史购买记录、互动历史和新需求来推荐真正个性化的产品或服务。这种精准的推荐方法能进一步提高客户的满意度和忠诚度。

我们可以借助 ChatGPT 来生成这样的个性化推荐方案，从而更好地服务于客户的独特需求。下面，我们将通过一个具体案例（案例 6-13）探讨如何使用 ChatGPT 为老客户推荐个性化的产品或服务。

案例 6-13 为老客户推荐高端摄影套装

情境描述

你负责管理一个摄影器材店，客户 T 先生在你的店里购买过几套初级和中级摄影器材。他最近参加了一些业余摄影比赛并取得了不错的成绩。T 先生最近在微信上联系了你，他表示对升级到更高级的摄影器材感兴趣，并询问有哪些推荐。

运用 ChatGPT 推荐产品

- **输入信息**

首先，在 ChatGPT 中输入客户的购买历史、喜好或需求，询问 ChatGPT

应该如何提供个性化的产品或服务推荐。你可以输入："我是一家摄影器材店的管理者。我有一位客户 T 先生，他已经购买了初级和中级摄影器材，并且在业余摄影比赛中获奖。他最近在微信上联系我，询问关于高级摄影器材的信息，我应该如何为他推荐更好的摄影器材呢？"

- **使用 ChatGPT 生成推荐方案**

下面是 ChatGPT 根据 T 先生的情况给出的推荐方案。

鉴于 T 先生已经拥有一定的摄影经验，并且在摄影比赛中取得了成绩，他显然准备好进一步提升他的摄影技术。建议您邀请 T 先生到店里来，这样您可以直接与他交流，更好地了解他的具体需求和偏好。在店内，您可以考虑为他推荐高端的全画幅相机，这类相机在图像质量、低光性能和更广泛的镜头选择方面通常优于入门级和中级相机。例如，一款具有良好评价的全画幅单反相机或无反相机，搭配多功能的镜头组合，如标准变焦镜头、广角镜头和长焦镜头，将非常适合他的需求。

此外，考虑到 T 先生对提高技能的兴趣，您也可以推荐一些高级摄影课程，这将帮助他更深入地理解摄影艺术和摄影技术。您还可以建议一些专业级的摄影配件，如三脚架、外部闪光灯和各种滤镜，这些都是高级摄影的重要组成部分。提供这样全面的设备和学习资源，将有助于 T 先生在摄影道路上迈出更大的步伐。

- **让 ChatGPT 生成微信回复模板**

下面是 ChatGPT 根据 T 先生的情况生成的微信回复模板。

T 先生，您好！恭喜您在最近的业余摄影比赛中取得了优异成绩！

我们店内有一系列高端的摄影器材，包括全画幅相机和多功能镜头，我相信这些设备将非常符合您追求更高摄影水平的需求。此外，还有一个好消息，我们也提供专业级摄影配件和高级摄影课程，可以帮助您进一步提升摄影技能。

我们非常希望能与您面对面交流，更详细地介绍这些产品和课程。如果您有空，欢迎您莅临我们的店面，我们将为您准备一些特别优惠和小礼品，以表达我们对您的感谢。

请随时告诉我，您什么时候最方便，我在店里等您。期待您的光临！

小提示： 在微信等即时通信平台上与客户沟通时，创建一个友好的对话氛围非常重要。即使是与老客户沟通，直接在微信上进行销售或推荐往往不是最佳选择，因为这样做可能会错失销售机会。相反，你应该采取的策略是，邀请客户到店里进行深入交流，为客户进行更详细的产品介绍。这种做法能够让你更好地了解客户的实际需求和他们的即时反馈，为客户提供一个更个性化、互动性更强的体验。在轻松友好的环境中与客户建立信任和关系，将大大增加成交的可能性。这种策略会让你显得更加礼貌和周到，同时，还为客户提供了实际体验产品、深入了解产品的机会。

6.2.5　加强持续沟通

每次与客户交流和互动后，你都可以询问 ChatGPT 如何更有效地维护这一关系，以及是否需要改进沟通方式或增加新的沟通方式。

下面的案例（案例 6-14）展示了如何利用 ChatGPT 加强持续沟通，维护客户关系，提升客户满意度和忠诚度。

案例 6-14　维护高端家庭音响系统的客户关系

情境描述

你是一家音响器材专卖店的销售经理，客户 C 先生刚从店里购买了一套高端家庭音响系统。购买后，他特意发了一条微信表示非常满意。

运用 ChatGPT 加强与客户的持续沟通

- **输入互动记录**

首先，将与 C 先生的互动情况输入 ChatGPT 中："C 先生刚购买了一套高端家庭音响系统，对我们的产品和服务很满意，并通过微信给予了积极反馈。"

- **询问客户关系维护策略**

接着，询问 ChatGPT ：“怎样才能进一步加强与 C 先生的关系？”

考虑到他购买了高端产品并给予了好评，您可以在一个星期后进行一次跟进，询问他对产品的使用感受。

- **询问其他加强关系的方式**

进一步询问 ChatGPT ：“除了跟进，还有其他方式加强与 C 先生的关系吗？”

一个月后，您可以分享一些关于音响布局或音质优化的专业文章或教程，增加与他的互动。

- **询问个性化内容**

再次询问 ChatGPT ：“如何使与 C 先生的互动更加个性化？”

您可以提到他购买的高端音响型号，并询问他是否对额外的音响配件或音质优化教程有兴趣。

- **让 ChatGPT 生成沟通模板**

最后，可以要求 ChatGPT 生成一个个性化的电子邮件模板。

尊敬的 C 先生：

非常感谢您选择 [音响店店名] 的高端家庭音响系统，特别是您选定的 [音响型号]。我们很高兴听到您对我们的产品和服务感到满意，您通过微信与我们分享了您的积极反馈，我们深感荣幸。

为了确保您获得最佳的听音体验，我们一直在努力提供最高级别的客户服务。如果您有任何关于产品设置或优化的问题，或者您想进一步了解如何充分利用 [音响型号] 的各种功能，我们随时在这里为您提供专业指导。

另外，下个月我们会发布一系列关于音响布局和音质优化的专业文章和教程。我们相信这些内容会对您特别有用。如果您对此感兴趣，我们很乐意提前把这些资源分享给您。

C 先生，您作为我们尊贵的客户，随时都可以享受我们的 VIP 服务，包括但不限于产品升级通知、专属优惠，以及优先购买即将推出的新产品。

如果您有任何疑问或需要进一步的支持，请随时通过微信、电子邮件或电话与我们联系。

谢谢您的信任和支持，期待您再次光临 [音响店店名]。

[音响店店名] 销售经理 [你的名字]

可以看到，通过运用 ChatGPT，你不仅找到了一种有效的方式来保持与 C 先生的良好关系，确保沟通的持续性，还能通过多角度、多渠道的沟通策略，全方位地服务客户，从而提高客户忠诚度。

小提醒：如何与不同沟通风格的客户互动

在大多数情况下，我们更倾向于使用正式和专业的沟通方式。然而，如果你察觉到客户更习惯于非正式、口语化的交流，你也应该以更亲切、更轻松的风格回应。下面将向你呈现如何使用 ChatGPT 来灵活地适应不同的沟通风格，从而更有效地维护与客户的情感联系。

为了阐明这一点，让我们考虑一个不同于之前正式沟通示例的场景。在这个场景下，我们将使用一种随意、口语化的交流方式。

沟通示例

如果客户在微信上告诉你：“嗨，你们的音响太棒了，我超级喜欢”，你可以用更随意的口吻回应，比如：“太棒了，真高兴你喜欢！”

值得注意的是，无论你采取何种沟通风格，应该始终保持专业和尊重的态度，这非常重要。此外，在与 ChatGPT 沟通时，除了提供必要的上下文和观点外，你还可以指定所需的语气，例如幽默语气、严肃语气或技术性语气，等等。

以下是一些借助 ChatGPT 生成的回应示例，适用于不同场景，可以帮助你更好地与客户互动、维护好客户关系。

情境 1：客户对产品表示满意

客户："嗨，你们新推出的手机太酷了！"

ChatGPT："谢谢你的夸奖！感谢你的喜欢。如果你有其他疑问或需要了解更多信息，可以随时问我哦！"

情境 2：客户询问促销活动

客户："这周有优惠活动吗？"

ChatGPT："当然，这周我们有特价优惠！你对哪个产品类别感兴趣呢？"

情境 3：客户提供反馈

客户："在线服务很方便，但加载有些慢。"

ChatGPT："感谢你的反馈！你能具体说说哪个部分加载慢吗？这样我们能更快地优化。"

情境 4：客户完成购买

客户："我买了你们的跑鞋，等不及要试穿了！"

ChatGPT："真棒！希望你在运动中能有更好的表现！"

情境 5：客户询问产品库存

客户："那本新书还有货吗？"

ChatGPT："是的，现在还有几本，需要我为你留一本吗？"

这些回应示例都力求在专业性与随意性之间取得平衡，旨在更有效地维护与客户之间的良好关系，让客户感到受到重视，并有舒适和愉悦的体验。

在本章中，我们深入讨论了如何使用 ChatGPT 有效处理客户异议并维护与客户的关系。从处理客户异议的策略和实操建议到个性化的客户关系维护方案，ChatGPT 提供了具体实用的指导和示范，帮助我们为客户提供更好的体验，使我们能够更全面地满足客户需求，稳固和增强与客户的关系。

在第 7 章中，我们将更进一步，探讨如何使用 ChatGPT 进行销售情景预演。这将为你创造一个无风险但富有示范意义的环境，促使你提升销售技巧，更好地应对实际工作中的销售挑战，让自己更加出色。

第 7 章

运用 ChatGPT 进行销售情景预演

在商业领域，不断变化的销售环境要求我们具有很强的灵活应变能力。本章将向你介绍如何充分利用 ChatGPT 进行销售情景预演，从而在应对复杂的销售情境时能够更加游刃有余。通过预演，我们能够更好地做好准备，迎接各种挑战，并在实际销售中取得更大的成功。

7.1 为什么需要情景预演

在今天这个充满竞争和变化的商业世界里，作为销售人员，我们不能仅仅依靠直觉或过去的经验获得成功。一次失误可能就会导致失去一个重要客户，或无法达到预设的销售目标。这就是为什么我们需要情景预演——它能让我们在不冒真实风险的情况下提前做好准备，培养应对各种情景或场景的能力。

1. 在安全区内练习

在见客户之前，我们可以通过情景预演来进行充分练习。这种预演发生在一个安全无风险的模拟环境中，不仅允许我们自由地尝试和磨炼不同的销售对话技巧和提问技巧，而且让我们可以预见可能会遇到的挑战，为应对各种销售场景做好全面的准备。在这一过程中，我们无须担心会产生风险或后果。

2. 即时反馈与持续进步

情景预演可以提供即时反馈，能使我们快速识别自己的优缺点并根据实际进行调整。这比等待实际业绩出炉后才去调整更及时、更有效，有助于我们持续进步、更快地成长。

3. 促进团队协作

销售工作往往不是单打独斗，而是需要团队合作。情景预演能够预演真实的团队环境，让我们学习如何与同事、领导或其他部门员工有效地沟通和合作。因此，情景预演不仅能提高个人的销售技巧，还能提升整体团队的绩效。

4. 细化客户画像和需求

成功的销售要求我们既要了解产品，又要了解客户。情景预演可以提供各种类型的客户角色和场景，让我们更好地理解不同客户群体的需求和预期，进而定制更合适的销售策略。

5. 增强自信和抗压能力

在面对挑战或失败时，自信和冷静非常重要。通过情景预演，我们可以在一个相对轻松的环境中反复练习，逐渐建立自信。情景预演还有助于我们学会在压力下保持冷静，有效地应对各种突发状况。

综上所述，情景预演对于销售人员有着多重益处。它提供了一个低风险但逼真的训练环境，能够从多个角度全面提升我们的技能。因此，对于那些希望在充满挑战和机会的销售领域中取得成功的组织和个人来说，情景预演是一个不容忽视的方式。

7.2 运用 ChatGPT 进行情景预演的优势

销售环境不断变化且愈发复杂，在这样的背景下，提升销售技能变得越发关键。虽然传统培训手段具有一定价值，但它们在预演真实销售场景、提供有针对性的反馈以及解决复杂的销售问题方面仍有不小的局限性。因此，本章将介绍如何利用 ChatGPT 进行情景预演——一个具有创新性和实用性的培训方法。那么，运用 ChatGPT 进行情景预演有哪些优势呢？

1. 帮助建立和增强自信心

通过 ChatGPT 进行情景预演，你可以在一个没有实际风险的环境中尝试各种销售策略和方法。成功地应对情景预演中的挑战，可以为你带来一种成就感，从而大大增强你的自信心。这种自信心在实际销售过程中发挥的作用是无法估量的——它会让你在与真实客户交流时更加从容和自如。

2. 创造安全的训练环境

虽然在与真实客户交流的过程中进行销售实践、提升销售技能非常重要，但这样做有其风险，它可能会影响客户关系或减少潜在的销售机会。

对于这种情况，ChatGPT 提供了优秀的解决方案。它所提供的预演环境能够为你提供一个既安全又高效的训练空间。在这里，你可以自由地尝试各种策略并从中学习，无须担心任何负面结果。ChatGPT 创造的环境允许你无压力地进行探索和练习，因为那里不存在失去真实客户或影响业务的风险。这种环境可以增强你尝试新方法的意愿，还能让你在应对复杂或困难的销售场景时更加自信。

3. 提供智能指导和即时反馈

ChatGPT 的另一个好处是能够提供智能指导和即时反馈。这对你来说尤为有用，因为你可以立即了解自己在预演中的表现——哪里做得好而哪里需要改进。这种即时反馈会极大地加速你的学习进程，让你在短时间内看到明显的进步。

4. 在销售困境中提供答案和方案

销售过程中往往充满未知和挑战，你可能会遇到一些特别棘手的问题，但不知道该向谁请教。有时，你可能担心提出的一些问题会让上司或同事质疑你的专业能力。在这种情况下，ChatGPT 可以成为一个“私密”的咨询资源，不会给你带来任何压力。通过进行情景预演，你可以探索不同的解决方案和应对策略，从而在实际工作中更有准备、更加自信地解决这些问题。

通过 ChatGPT 进行情景预演，你不仅能够获得新的视角和思考方式，还能在一个安全的环境中练习和提高，这无疑是 ChatGPT 的重要优势。所以，当你在销售过程中遇到不确定如何解决的问题时，不妨试试通过 ChatGPT 进行情景预演，你会找到出乎意料的答案和解决方案。

现在，我们了解了使用 ChatGPT 进行情景预演的多重优势。下面，让我们进一步探索这种方式在具体的销售情境中的应用—— ChatGPT 在预演销售拜访中的应用。

7.3 实战策略：利用 ChatGPT 进行销售拜访预演

预演销售拜访不仅能帮助我们更好地预测和应对销售拜访中的潜在问题，而且还能深入了解客户的需求和疑虑。下面将向你详细介绍如何运用 ChatGPT 预演销售拜访，从而优化你的销售拜访过程，提高客户满意度。

第 1 步：告知计划

在开始提供背景信息之前，首先告知 ChatGPT 你计划进行一次销售情景预演。这样做可以让 ChatGPT 为即将开始的预演做好准备，而不是仅仅进入一种信息提供或信息分析的模式。

示范：

“我打算进行一个销售情景预演，预演我与潜在客户的对话。请为此做好准备。”

第 2 步：提供详细的背景信息

在开始预演销售拜访之前，为 ChatGPT 提供尽可能多的相关信息。提供详细的背景信息能促使 ChatGPT 更准确地预演一个符合实际情况的对话环境，从而让预演更加真实和具体。在这样的环境中，你可以了解可能出现的问题和应对它们的方法。你要确保提供的背景信息既详细又准确，因为提供详尽的信息能够让预演更贴近实际情境，有助于 ChatGPT 更好地辅助你进行有效的预演和拜访准备。

向 ChatGPT 提供的背景信息包括但不限于以下内容。

- **客户类型：**是企业（组织）还是个人？
- **客户的行业和职位：**客户在什么领域或行业？担任什么职位（适用于个人客户）？
- **客户的性格特点和偏好：**客户是冒险型还是保守型？更喜欢依赖数据分析还是重视人际互动？
- **产品或服务类型：**你销售的是实体产品、软件、咨询服务还是其他类型？
- **已知的客户需求或痛点：**客户目前有哪些需求或面临哪些问题？
- **预料中的异议或问题：**客户可能会有哪些疑虑或异议？
- **你自己的角色：**你是销售代表、客户经理、产品专家还是担任着其他角色？
- **所推销的产品或服务的特点和优势：**你的产品或服务有哪些显著的特点和优势？
- **销售阶段：**是初次接触，还是已经进入谈判阶段？
- **先前的互动或背景：**先前与客户有无互动或业务往来？
- **你的销售目标：**你希望通过这次互动达到什么具体目标？例如，获取更多信息、安排第二次会面或直接完成销售等。
- **时间压力：**是否存在截止日期或其他时间限制？

通过提供上述不同方面的详细信息，你可以更好地利用 ChatGPT 进行全方位、高度个性化的销售拜访预演，从而更有针对性地提升销售技能。下面是一个背景信息示范。

示范：

“我今天想要拜访的是一位 IT 行业的营销经理。听说这个人比较保守，对新事物不太容易接受。我想要推销的产品是一个数字营销解决方案。这个客户所在的公司现在在社交媒体方面面临一些挑战。他可能会认为这个解决方案的价格偏高。我自己是业务经理，我希望通过这个产品解决客户在社交媒体营销方面的问题。我们是第一次接触，先前没有互动。我的目标是更多地了解客户的需求和预算信息。”

通过提供详细的背景信息，你可以让 ChatGPT 基于这些信息进行更真实、更实用的销售拜访预演。

第 3 步：启动预演

准备好必要的背景信息后，你就可以启动销售拜访的情景预演或情景演练了。在这一预演环境中，你将担任销售人员的角色，而 ChatGPT 将根据你提供的指示和潜在客户的详细信息来扮演潜在客户。

在这一步，你可以与客户，即 ChatGPT 进行对话，就像在实际销售场景中那样。你可以从寒暄开始与客户进行互动，并根据客户的反应进行应对和相应的调整。

如果客户表示对你的产品或服务感兴趣，你就可以进一步地详细介绍产品特点、优势以及产品是如何满足或解决某些客户的特定需求或问题的。

在预演过程中，如果客户提出异议或疑问，尝试结合你在第 2 步中准备的背景信息、第 6 章中学习到的客户异议处理策略，以及你自己的销售经验来妥善应对和处理。记住，预演的目的是在预演环境中练习和改进你的销售技巧，促使你在真实场景中更加自信，让销售拜访更有成效。通过预演，你可以更好地了解客户可能有哪些反应或问题，并在安全的环境中练习应对技能，从而改进销售表现。

小提醒：前期准备和分享背景信息很重要

在预演练习过程中，提供的细节越多越好。更多的细节不仅有助于你更加准确地应对真实情境，还能让你了解和熟悉可能遇到的各种反应和问题。

此外，还想再强调一下，在开始预演之前，尽可能详细地提供背景信息，不要害怕麻烦。这一点非常重要，因为如果没有提供任何上下文或相关信息，就直接向 ChatGPT 提出一些非常具体的问题，比如“客户觉得贵，我该怎么办”，则不太有助于你的练习。由于缺乏足够的上下文，预演的场景和回应将会与你实际面对的销售情境有很大差距，从而降低预演练习的有效性和准确性。

所以，详尽的前期准备和背景信息分享是确保高质量预演练习的关键。在这一点上所付出的每一份努力都将有助于你在真实的销售场景中获得更好的表现。

第 4 步：实时调整和提供建议

在进行销售情景预演时，如果你发现扮演客户的 ChatGPT 所做的回应并不像你预期中的回应那么真实，或并不适合你提供的背景信息，那么可以采取以下做法，不必中断预演。

（1）指出不一致之处。直接向 ChatGPT 指出与你的预期不一致的地方。例如，你可以说：“在这种情况下，我预计客户会更加关注成本效益，而不是直接询问产品特点。”

（2）提供更多信息或纠正建议。向 ChatGPT 提供更多的上下文或背景信息，或直接纠正其预演行为。例如，你可以说：“实际的客户可能会更关心长期的成本节约，而不仅仅是初次购买时的价格。”

（3）继续预演。在提供了更多信息或建议后，继续预演对话。此时，你会看出预演环境是否更接近实际情况，并据此继续练习。

第 4 步有助于使预演更加真实和实用。此外，这也是一个练习机会，让你练习如何在不确定或不完美的情境中进行调整。这种调整也是实际销售过程中经常需要的技能。通过实时调整，以及向 ChatGPT 提供纠正建议，你可以更精准地预演销售情景，训练自己在复杂和多变的实际销售场景中保持灵活。

第 5 步：复盘

情景预演结束后，不要立即离开或转向其他任务。花时间进行复盘是提升自己的关键步骤。

（1）识别成功点。首先，回顾在预演过程中，你在哪些方面做得好。你与客户建立起良好的关系了吗？有效地解决了客户的疑虑或问题了吗？你在哪个特定环节上表现得更为出色？确认这些成功点并思考如何在真实情境中复制它们。

（2）找出改进点。然后，识别需要改进的方面。你的产品介绍是不是不够清晰？你有没有妥善处理客户异议？识别这些问题并思考解决方案。

（3）获取外部反馈。如果可能，将你的预演录音或预演文字分享给你信任的人，听听他们的反馈。外部人士通常能为你提供可能被忽视的宝贵见解。

（4）调整策略。根据复盘和外部反馈，调整你的销售策略和方法。这也许涉及改变你的开场白、重新组织产品介绍的结构，或改进处理客户异议的方法。

（5）再次预演。如有必要，进行第二轮情景预演。在新一轮的预演练习中，特别关注复盘中识别出的需要改进的方面。

（6）记录和总结。在复盘过程中，做好记录和总结——写下你的观察、计划和需要继续关注的方面。通过这种方式，当你进入下一个销售场景时，你会有一个清晰的指导方针。

通过以上结构化的复盘方法，你可以了解自己的优点和不足，有针对性地进行改进，从而在未来的销售场景中表现得更加出色。

小提醒：遇到问题，及时咨询 ChatGPT

在预演销售对话的过程中，你可能会对某些问题或场景感到困惑，或者不确定如何回应。这时，你完全可以直接向 ChatGPT 寻求建议或解决方案。

具体做法如下。

（1）提问。清楚地向 ChatGPT 提出你的疑问，比如，“我对于如何应对客户抱怨产品价格过高的情况感到困惑，你能提供一些建议吗？”或者“你提供的信息对我帮助很大，但还有其他的回答方式吗？”。

（2）提供更多背景信息。为了得到更精确的建议，你还可以提供更多的背景信息。比如，“这个客户是一个中小企业主，他特别关注成本效益”。

（3）获取并评估建议。ChatGPT 会根据你提供的信息和问题，给出一个或多个建议。仔细阅读给出的建议，并考虑其在实际场景中的可行性。

（4）应用建议并继续预演。如果觉得某个建议很有用，立即将它应用到预演对话中，以继续预演，看看这个建议是否有效。

（5）记录并应用于实际。无论预演的结果如何，情景预演都是一个学习和调整的机会。把有效的建议或方法记下来，并考虑在实际销售场景中应用。

通过以上方式，你能够解决在情景预演过程中遇到的问题，不断积累经验和策略，为未来可能遇到的类似问题做好准备。这是一个持续的学习和改进过程，可以帮助你在情景预演中不断提升销售技能。

在本章中，我们深入探讨了利用 ChatGPT 进行销售情景预演的优势以及具体步骤和方法。ChatGPT 为销售人员提供了一个安全无风险的预演环境，并提供了智能指导和即时反馈。通过结合理论知识、个人经验和 ChatGPT 的智能反馈，我们能够更加深入地理解客户需求，更好地准备应对现实中的销售挑战，更有效地解决销售中的实际问题。

在接下来的第 8 章，我们将探讨如何运用 ChatGPT 撰写专业性强、质量高的文章，以展示你的专业知识并树立个人品牌。

第 8 章

运用 ChatGPT 撰写自媒体文章，打造个人品牌

在数字化日益渗透各行各业的时代，我们面临的不仅是传统的销售挑战，更有来自线上的各种竞争。拥有深厚的产品知识和出色的人际沟通能力固然重要，但在自媒体时代中，如何将你的专业知识传递给潜在客户，建立个人品牌，做到与众不同，脱颖而出，显得愈发重要。本章将为你展示一个全新的途径：运用 ChatGPT 撰写专业性强、质量高的文章，以展示你的专业知识并树立个人品牌。

通过这样的文章，你不仅能够在目标受众中提升品牌知名度，还能为目标受众提供有价值的信息和解决方案，最终推动销售目标的完成。更为重要的是，这种内容营销形式有助于你建立行业专家的声誉，从而提高潜在客户的信任度。与一次性的销售推广活动相比，内容营销的长期收益会更加显著。

无论你是自媒体领域的新手还是经验丰富的专家，本章将为你提供实用的建议，帮助你在撰写文章的过程中更好地运用 ChatGPT，提升文章的质量和吸引力。

8.1 确定你的专业领域和目标市场

在尝试通过自媒体文章展示专业知识之前，首先需要确定自己在哪个领域或子领域中具有专家地位或希望建立专家地位。这是一个关键步骤，因为它会决定文章的话题选择、目标市场，以及你如何与潜在客户互动。

8.1.1 确认专家地位

以下是确认你的专家地位的步骤。

（1）自我评估。诚实地评估自己的专业知识和技能。问问自己："我在什么方面具有深厚的理解或独特的见解？我能解决哪些具体问题？"

（2）市场调查。调查你目前所在的市场或目标市场，了解哪些专业知识或技能是受欢迎或短缺的。使用在线调查、社交媒体或直接与潜在客户进行对话等方式进行调查并获取信息。

（3）竞品分析。了解其他销售人员或行业专家是如何定位自己的，特别是那些在自媒体上活跃的相关人士。了解和分析他们的优点和不足可以帮助你找到独特的专业视角。

（4）内部对话。与你的同事、上级或你信任的朋友进行讨论，了解他们认为你在哪些方面具有专业优势。有时，内部反馈会提供意想不到的见解，这些见解很可能会成为你的竞争优势。

（5）定位。结合以上信息，尝试为自己找到一个明确和可行的专业定位。这个定位应该是具体且独特的。例如，假设你是售楼顾问，那么你对自己的定位不仅仅是“房地产售楼顾问”，还是“帮助年轻人在都市买到首套房的房地产专家”。

（6）验证。在明确定位后，可以先通过一两篇针对性很强的文章或社交媒体内容来测试市场反应，以验证这一专家地位是否受市场欢迎。

在确定了明确的专家地位后，你就能更有针对性地选择文章话题、定位目标市场，甚至决定产品或服务的定价和推广策略。这一切将有助于你通过自媒体文章成功地展示专业知识，并最终提升销售业绩。

8.1.2 调查目标市场和潜在客户

在确定了自己的专家地位后，接下来的任务是深入了解你的目标市场和潜在客户。这一步至关重要，因为了解你的目标市场与潜在客户或目标受众可以帮助你创建更有针对性、更有影响力的内容。

以下是调查目标市场和潜在客户的步骤。

（1）使用现有数据。查看你的销售数据和客户数据，找出最常购买产品或服务的人群的特征。这些特征包括年龄、性别、职业、偏好等。

（2）市场调查。通过在线问卷、微信社群、电话访谈或面对面访谈等方式，收集目标市场的基本信息和需求。试图了解潜在客户的痛点是什么，他们最关心哪些问题，以及他们从哪里获取信息和建议。

（3）社交媒体分析。浏览相关社交媒体平台，了解和分析潜在客户的讨论焦点和提到的问题，以及他们在相关话题下的留言。这样做能够帮助你了解潜在客户的需求，还可以让你找到与他们互动的途径和机会。

（4）竞争分析。了解你的竞争对手在目标市场中的表现也同样重要。了解竞争对手的客户基础、产品优缺点以及市场策略，可以帮助你更好地定位自己。

（5）创建“买家人物”。根据你之前收集的数据和所做的分析，综合构建一个或多个详尽的“买家人物”模型。这些人物模型应详细呈现理想客户的特征，包括但不限于他们的基本人口统计信息（如年龄、性别、职业等）、具体的需求、面临的痛点，以及他们通常如何寻找解决问题的途径。这一过程将帮助你更深入地理解自己的目标客户群体，为制定更有效的市场策略和改进产品提供支持。通过这种方式，你能够更好地预测和满足目标客户的实际需求，优化你的市场定位和营销活动。

（6）内容匹配。基于你对目标市场和潜在客户的了解，创建与他们的痛点和需求匹配的内容。例如，如果你的潜在客户主要关心“如何提高工作效率”，你就可以写一篇名为“使用 XX 工具提高工作效率的 5 大技巧”的文章。

（7）反馈和调整。在发布几篇文章后，收集读者反馈，并根据实际反馈调整内容策略。

通过系统地调查目标市场和潜在客户，你不仅能更有针对性地创建内容，还能在与客户互动时更加得心应手。这最终将有助于你通过自媒体文章展示专业知识，建立个人品牌，并提升销售业绩。

8.2 用 ChatGPT 构建内容

在销售过程中，客户信任和客户关系通常是交易成功的关键，而个人品牌的建立有助于增强客户信任，巩固客户关系。在树立个人品牌的过程中，可以将品牌故事作为个人品牌的核心，它能够生动地展示个人形象，让人们更好地理解你是谁，你的价值观是什么，以及为什么应该选择你而不是别人。

8.2.1 通过 ChatGPT 构建引人入胜的品牌故事

下面将通过一个具体例子来说明如何使用 ChatGPT 构建品牌故事。

假设你是一位 IT 领域的咨询师，专注于帮助中小企业进行数字化转型。以下是使用 ChatGPT 构建品牌故事的一些推荐步骤。

步骤 1：确定故事主题和目标

首先，明确你希望通过品牌故事传达的主题信息和想要达到的目标。你可以考虑以下问题：你的专业领域是什么？你想要突出的个人特点是什么？你的目标受众是谁？你希望他们通过品牌故事了解什么？

步骤 2：收集关键信息

品牌故事的打造需要真实而有力的支持。通过收集你的背景信息和实际案例，你能为故事提供坚实的素材。以下是几种收集关键信息的方式。

- **对于工作经验丰富者**

通过回顾和整理你所拥有的专业知识、经历和成就，找出与故事主题相关的关键信息，以便为故事提供真实的素材和支持。

- **整理经历。** 回顾你的职业经历，包括你曾从事的工作、担任的职责、取得的业绩以及曾经服务的公司。在这一过程中，要特别注意整理那些与数字化转型领域相关的经验和成就。
- **收集成功案例。** 找出你曾成功帮助中小企业进行数字化转型的案例。针对每个案例，记录下详细的背景信息、面临的挑战、你提供的解决方案，以及最终取得的成果。这些实际案例有助于使你的品牌故事更具说服力。
- **总结专业知识。** 总结你在数字化转型领域的专业知识，包括行业趋势、相关技术、最佳实践等。将这些专业知识整理出来并巧妙地融入故事中，将为你的品牌故事增加深度和专业性。

- **对于新手或经验有限者**

如果你在数字化转型领域没有太多经历或经验，别担心，你仍然可以通过其他方式来打造引人入胜的个人品牌故事。以下是一些可以帮助你在故事中展现个人价值和吸引力的方法。

- **强调个人价值观和动机。** 认真思考你为什么对所从事的数字化转型领域感兴趣，以及你做这一行的动机是什么。即使你的相关经验有限，分享你对数字化转型这一领域的热情、做这一行的动力和愿景，也可以吸引目标受众的注意力，提高他们的兴趣。

- **展示学习和成长经历**。讲述你在起初接触数字化转型领域时的经历，以及你是如何通过学习和成长不断提升自己的。这种有关坚持和进步的个人故事能够引起共鸣，尤其是对于那些也在探索和学习的人来说，这样的故事可以让他们感同身受。
- **分享小成功和进展**。即使是很小的成功和进展也可以成为故事的一部分。描述你想让目标受众知道的在数字化转型领域中取得的任何成就。无论它多么微小，都可以展示你的努力和坚持。
- **结合其他领域的经验**。思考你是否有其他领域的经验，它们是否在某种程度上与数字化转型领域有关。这些经验可以为你的品牌故事增添多样性，增加品牌故事的深度。
- **融入与他人合作的经历**。如果你曾与其他人合作共同解决问题或达成目标，这也是值得分享的故事。强调你在团队合作、协调和沟通方面的能力对于塑造成功的品牌故事也很重要。
- **分享迎接挑战的经历**。坦诚地分享你在数字化转型领域中遇到的挑战，以及你是如何迎接挑战、克服困难，学习并成长的。这可以展示你的坚韧性和适应能力。

即使你的经验相对有限，通过采用以上方法，你仍然可以构建一个令人印象深刻的品牌故事。无论你的背景如何，你都可以将自己的独特之处和个人价值体现在故事中，吸引目标受众，与你的目标受众建立联系。

基于在步骤 2 中准备的信息，我们得到了详细的个人背景和专业背景信息。接下来，在步骤 3 中，我们将使用这些信息生成一个更具针对性和吸引力的个人品牌故事概要。

步骤 3：使用 ChatGPT 生成个人品牌故事概要

在完成步骤 2 的信息准备后，你有了关于个人背景和专业背景的详细信息。这些信息将作为步骤 3 中与 ChatGPT 互动的基础信息。

下面是使用 ChatGPT 生成个人品牌故事概要的具体步骤。

（1）输入背景信息

打开 ChatGPT 的交互界面，根据你的专业背景和需求，在对话框中一次性输入所有必要信息。通过提供详细的背景信息和具体请求信息，你可以有效地利用 ChatGPT 生成符合你需求的个性化内容。

- **对于工作经验丰富者**

示例

输入："我是一位经验丰富的 IT 咨询师，专门帮助中小企业进行数字化转型。以下是我的详细背景和专业经验：（**插入在步骤 2 中得到的个人背景信息和专业背景信息**）。根据这些信息，请帮我生成一个品牌故事概要。"

- **对于新手和经验有限者**

示例

输入："我是一个初级 IT 专家，擅长学习新技术。我希望能为中小企业解决技术问题。以下是我的详细背景信息：（**插入在步骤 2 中得到的背景信息**）。根据这些信息，请帮我生成一个品牌故事概要。"

（2）查看输出

输入必要信息后，你会得到一份个人品牌故事概要。这个概要通常包括以下要素。

- **个人价值观：**你为何选择这个领域？你的目标是什么？
- **动机：**你是怎么进入这个领域的？有没有特定的人或经历激发了你的兴趣？
- **学习和成长：**你是如何不断丰富和提升自己的专业知识和技能的？
- **初步成功或进展：**你有哪些小成就可以分享？
- **专业经验和成功解决问题的案例：**你（主要针对工作经验丰富者）有哪些成就或成功案例？

（3）完善品牌故事概要

基于得到的品牌故事概要，你可以进一步细化和完善品牌故事概要，也可以将其作为创建个人品牌资料的基础。

步骤 4：构建品牌故事框架

在品牌故事概要的基础上，构建一个完整和引人入胜的品牌故事框架。

（1）阅读概要。认真阅读 ChatGPT 生成的品牌故事概要，理解其中的关键要素和主要观点。

（2）构建故事框架。基于对品牌故事概要的关键要素和主要观点的理解，构建故事的主要部分，这通常包括起源故事（你的个人背景和专业成长经历）、专业经验（你的专业知识和成功案例）、解决客户问题（帮助客户解决问题的故事）等部分。在构建这一部分时，重视加入情感元素，如个人挑战、成就和教训，以及这些经历如何影响你的专业成长和价值观。这样做可以让你的品牌故事更加生动、更有说服力。将上述内容写入一个新文档中。

（3）填充细节。在每一个主要部分下，添加更多的具体信息和细节。

（4）确认逻辑。确保故事框架有逻辑，故事从头到尾是顺畅和连贯的。

> **小提示：**基于步骤 3 生成的品牌故事概要的内容，你可以根据实际相应地调整故事框架。如果概要已经很完整，那么可以在现有的基础上进行微调和优化，而不用完全重新构建故事框架，这有助于保持故事的连贯性和一致性，同时节省时间和精力。

步骤 5：让 ChatGPT 生成个人品牌故事文案

将品牌故事框架输入 ChatGPT，请求生成一个完整的个人品牌故事文案。

示例

输入：“基于以下故事框架，帮我生成一个引人入胜的个人品牌故事。（**插入在步骤 4 中得到的故事框架**。）”

ChatGPT 会基于你提供的故事框架生成一篇品牌故事文案。

步骤 6：微调和优化

获得品牌故事文案的初稿后，阅读并评估故事文案。你可以在这一步中进行微调和优化，以确保故事更加准确、生动和吸引人。当然，你也可以让 ChatGPT 帮你优化文案初稿。你只须向它提出明确的要求，比如：“请帮我优化刚刚生成的品牌故事文案的初稿，使语言更加生动，故事情节更加有趣，风格更加轻松，整个文案更加吸引人。”

步骤 7：分享和收集反馈

将最终的品牌故事文案分享给朋友、同事或信任的人，收集他们的反馈意见。这些反馈可以帮助你发现有待改进之处，从而使故事更具吸引力和影响力。

上述步骤清晰地为你呈现了打造个人品牌故事的方法。你可以充分利用 ChatGPT 生成一个真实、生动、引人注目的个人品牌故事。在整个过程中，ChatGPT 可以充当你的创意伙伴和指导者，为你提供实际的指引和建议。

小提醒：为什么使用 ChatGPT 构建个人品牌故事

你可能会觉得，使用一个 AI 工具来构建个人品牌故事可能会不够个性化或缺乏深度。然而，你或许会惊讶地发现，与 ChatGPT 的互动实际上可以带来一系列非常实用的好处和富有见地的观点。

- **提供自我审视的机会**

首先，与 ChatGPT 的对话过程本身就是一次自我审视的机会。在你输入自己的职业经历、价值观和目标等信息后，你与 ChatGPT 之间的对话能帮助你更清晰地了解和看待自己，也能让你更好地把握自己的品牌定位。

- **提供中立的第三方视角**

在构建品牌故事时，我们自身的视角往往带有主观色彩或情感倾向，有时这会影响我们做出最佳的决策。相对而言，ChatGPT 作为一个中立的第三方，能够更加客观地讲述你的品牌故事。这样的客观处理能够为目标受众呈现一个更真实、更有说服力的故事。

- **辅助分析目标受众**

通过与 ChatGPT 的互动，你也可以更精准地定位和分析自己的目标受众。你可以尝试用不同的风格，从不同的角度来构建故事，然后分析哪一种故事更能吸引你想要影响的人群。

- **快速迭代和优化**

当得到一个品牌故事文案的初稿后，你还可以继续与 ChatGPT 互动，让 ChatGPT 针对初稿进行多轮的优化和个性化调整。这一过程通常比传统的写作方式和编辑方式更为快速和高效。

- **协助动态更新**

随着你的职业发展，你的个人品牌故事也需要不断更新。使用 ChatGPT，你可以很容易地做到这一点，无须从头开始。

- **获取有效的反馈**

一个由 ChatGPT 生成的品牌故事文案初稿可以作为收集反馈的基础。你可以把初稿分享给你信任的朋友或同事，听听他们的看法，然后再进一步优化。

- **节省成本**

节省成本也是使用 ChatGPT 构建品牌故事的重要原因。与雇用专业作家或品牌顾问来构建品牌故事相比，使用 ChatGPT 的成本相对较低。这种方式尤其适用于预算有限但又希望进行高质量品牌建设的小型企业或个人。

综上所述，ChatGPT 不仅仅是一个能自动生成文本的工具，它在协助你构建和优化个人品牌故事方面，可以提供多维度的支持和价值。因此，如果你还在犹豫是否要使用 ChatGPT 来帮助你构建品牌故事，以上内容或许能让你下定决心，做出明智的决策。

8.2.2 结合 ChatGPT 创建体现专业能力的文章

在文章中体现自身的专业能力是更好地树立个人品牌、赢得目标受众信任的关键。除了确保文章的主题和内容与你的业务或专长密切相关之外，我们还可以充分利用 ChatGPT 来帮助我们撰写能够体现专业能力的文章。以下是一些具体建议。

1. 明确专业定位

在文章开头，首先明确你为什么有资格谈论这个主题。这通常基于你的教育背景、工作经验，或你所经历的与主题相关的实际案例。展示这些内容可以清晰地表明，你具备讨论这一话题的条件和能力。

如果你对如何有效地展示上述内容感到不确定，你可以考虑使用 ChatGPT

的帮助。ChatGPT 能够协助你以井然有序、清晰明了的方式呈现个人资质，确保文章开头部分有效地突出你的专业定位。

示范

输入：“如何在文章开头展示我的专业资格？这是我的相关信息……（如教育背景、工作经验等）。请基于以上信息生成一段文章开头，要求内容吸引人。”

ChatGPT 将根据你提供的信息为你生成一段引人注目的文章开头，以吸引人的方式展现你的专业资格。

2. 使用行业术语，但要确保易懂

在文章中适当使用行业术语可以展示你的专业知识，但要确保目标受众能够理解。如果使用了某些复杂或不常见的术语，务必给出简单的定义或解释。

如果你在特定行业，如金融、科技、医疗等领域工作，你可以借助 ChatGPT 生成针对该行业某一术语的定义或解释。比如，你可以输入“如何解释 [行业术语] 以便所有目标受众都能理解？”，ChatGPT 将会为你生成该术语的定义或解释。这样做有助于你的文章不仅显得专业，还易于受众理解。

3. 提供实用的解决方案

你可以在文章中展示你是如何解决特定问题或满足某种需求的。尽量提供步骤式的解决方案或具体操作方法，这样能增加文章的实用价值，同时也能证明你具备实践能力或实际操作能力。

在构思步骤式解决方案时，你可以利用 ChatGPT 的帮助。你可以输入：“请根据我提供的信息，用步骤式的解决方案解决 [具体问题]。”输入后，ChatGPT 将为你生成一个逻辑严密且连贯的步骤式解决方案。这样的方案将帮助你更专业、更高效地向目标受众传达实用信息。

4. 引用数据和研究信息

为了增强文章的说服力和专业性，如果可能的话，应当引用相关行业的数据或研究信息来支持你的观点。这样做不仅能提升文章的可信度，还能展示你对专业领域深入的理解和研究。在整合这类信息时，如果你已经有了一些相关数据或研究成果，可以利用 ChatGPT 来优化信息的呈现。例如，你可以将自己的文章或背景信息提供给 ChatGPT，然后输入："请在我的文章中有效地引用上面的数据和研究信息来支持我的观点。"接着，ChatGPT 将协助你以一种清晰的结构化方式整合这些资料，从而使你的文章更加完整和专业。

此外，当选择引用数据和研究信息时，关键是要评估来源的权威性和与文章主题的相关性。使用不准确的数据和研究信息会削弱文章的有效性和可信度。因此，应选择那些来源于公认的专业机构或研究团体的信息，这类信息通常具有较高的可靠性和准确性。同时，仔细审视数据的发布背景，确保所选信息与文章主题紧密相关且适用。精选并引用这类信息，可以有效提升文章的专业水准和可信度，增强论点的说服力。

小提醒：深化你的洞察力与数据应用

如果你已经整合了相关的数据和研究信息，ChatGPT 可以帮助你进一步完成以下几个步骤。

- **信息解读。**如果你不确定如何在文章中解读或使用收集到的数据或研究信息，你可以输入"请深入解读这些数据（或研究信息）以支持我的文章观点。"ChatGPT 将给出一些通用的建议或框架来帮助你理解这些数据或研究信息的意义，协助你更好地将其融入文章内容。
- **结构化呈现。**如果你需要整合多个数据或研究成果，你可以输入："请在文章中结构化呈现我收集到的数据和研究成果。"ChatGPT 将为你提供具有逻辑性、清晰而有条理的组织方式。

- **制作图表或可视化数据。**如果你需要将数据以图表或其他形式进行可视化呈现，并且想了解最佳做法，你可以输入："如何用图表或可视化的方式来表现 [具体数据]？" ChatGPT 将为你提供一些基本建议和指导原则来设计图表或将数据可视化。然而，请注意，ChatGPT 本身无法创建图表或提供可视化模板。为了制作图表，你需要使用插件或专门的数据可视化工具。
- **准确引用数据和研究信息。**如果你在引用数据或研究信息时遇到困难，或不确定如何以标准格式进行准确引用，可以借助 ChatGPT。例如，你可以输入："如何正确地引用数据和研究信息？请提供标准引用格式。"ChatGPT 将提供引用数据和研究信息的标准格式和体例，帮助你确保引用格式的准确性和专业性。

请注意，虽然 ChatGPT 能够提供一些基础建议和框架，但具体的解读或解释还是需要根据你的专业知识和具体情境进行校正。同时，在应用任何建议之前，确保你充分理解这些建议，且建议适合具体情境并符合你的特定需求和目标。这样做有助于你创建一篇全面和专业的文章，更有效地展现你的专业能力和品牌价值。

5. 分享个人经验和案例

你应该在文章中呈现你的实际经验来支持文章中的观点或建议，特别是当你有成功的案例可以分享时，你可以将其在文章中充分体现。这种案例式、故事式展示通常更容易引发目标受众的共鸣，让文章具有更强的说服力。

在使用 ChatGPT 帮助你整理和展示这些经验和案例之前，准备好你想要分享的具体内容。将这些个人经验或成功案例输入 ChatGPT，并提出要求，例如："请根据我提供的信息，以故事式的方式分享我的个人经验或成功案例。" ChatGPT 将根据你提供的信息生成一个融合你的个人经验或案例的具体故事。这样的故事将更加生动具体，帮助你有效地展示你的专业能力和价值。

6. 设计文章结构和布局

一篇专业的文章应该有清晰且合理的结构，它一般包括引言、主体和结论。文章逻辑性强且易于阅读能够体现你在专业领域里具有思路明晰、逻辑缜密的品质。

如果你在文章结构和布局方面需要帮助，可以求助 ChatGPT。先将你打算讨论的主题和关键信息输入 ChatGPT，然后在信息的末尾输入："请为以上内容设计一个清晰的文章结构或布局。" ChatGPT 将生成一个逻辑性强、条理清晰的文章结构或布局，有助于你更好地组织内容。通过遵循这个结构或布局，你的文章会显得更具逻辑性、说服力，也更易于目标受众阅读和理解。

7. 从专业角度解决常见问题

你可以挑选一些大众普遍关心的常见问题，特别是那些容易被误解或忽视的问题，并利用你的专业知识对它们进行深入的解读。这样做既能够解决目标受众的实际问题，又展示了你的专业性和解决问题的能力。在挑选这些常见问题或考虑如何进行深入解读时，如果你需要一些灵感或建议，可以求助 ChatGPT。

为了更好地理解，让我们回顾 8.2.1 提到的一个例子：一位 IT 咨询师专注于帮助中小企业进行数字化转型。中小企业在数字化转型过程中可能遇到的常见问题包括技术挑战、策略规划、员工培训、数据安全等。这位 IT 咨询师不仅要识别这些问题，还要提供具体实用的解决方案。如果他在确定要讨论的问题或提出解决方案时遇到困难，他可以利用 ChatGPT 作为辅助工具。他可以问 ChatGPT："在帮助中小企业进行数字化转型的过程中，它们通常会遇到哪些常见问题？针对这些问题，我应该提供哪些专业的解决方案？"然后，ChatGPT 就可以为 IT 咨询师生成与他专业背景相关的问题清单和解决方案。这样做将帮助他用一种更专业且易于大众理解的方式来应对和解决大众普遍关注的问题。

8. 将文章系列化

你可以考虑创建一个围绕特定主题或问题的文章系列，这可以使你更深入地探讨内容，同时鼓励目标受众持续关注你的内容。在规划这样的文章系列时，ChatGPT 可以为你提供启发和支持。为了获得准确和有用的建议，你要向 ChatGPT 提供详细的背景信息。比如，你可以输入："我是一位专注于 [具体领域或主题] 的专家，并计划围绕这个主题创建一个包含 10 篇文章的系列专题。请基于 [具体领域或主题]，帮我列出一个含有 10 个不同文章标题的清单。" ChatGPT 将根据你提供的详细信息，生成一个具有针对性的文章系列标题清单。如果你需要进一步细化某一篇文章的框架或大纲，你也可以继续询问 ChatGPT，让其提供具体问题和详细信息。

通过充分利用 ChatGPT 在文章规划和内容创作方面的指导和建议，你将能够更准确地定位你的专业领域和需求。ChatGPT 将帮助你生成与你的目标受众和风格更加贴合的文章系列标题和内容框架，确保你的文章更好地体现你的专业能力和价值，满足目标受众的需求，并引发他们的共鸣。最终，这将有助于你在自媒体平台上建立或加强个人品牌，提升你的可见度和影响力。

8.2.3 通过文章传达价值观

文章不仅是传达信息和解决问题的工具，它也是展示个人价值观或公司价值观的媒介。对于与客户建立信任和长期关系来说，文章的作用至关重要。那么如何通过文章传达你的价值观或公司价值观呢？以下是一些方法。

1. 明确价值观

在开始写作之前，先要明确你或你的公司的核心价值观是什么。是注重诚信、客户至上，还是注重社会责任、开拓创新？明确了这一点后，你将更容易地选择与之相符的文章话题，在文章中融入与之吻合的相关观点。

2. 选择话题

选择与你或你的公司的价值观紧密相关的话题。举个例子，如果公司的核心价值观是可持续发展，你可能会写一篇关于环境保护的文章，文章内容可能会聚焦环保、节能或社会责任等方面。

3. 多角度探索

如果你不确定哪种文章角度或风格最适合你的目标受众，那么可以从多个角度来进行内容探索。比如，你可以先让 ChatGPT 生成一篇关于企业如何能做到环保的观点性文章，然后再生成一篇关于个人如何参与环保的教育性文章。之后，你可以比较这两篇文章的反馈或评价，看看哪一篇更符合你的目标受众的需求。

4. 融入案例

在文章中融入真实的案例能够增强你或你的公司的可信度，直观地展现你的价值观是如何在实践中得以体现的。为了快速地在文章中融入案例，你可以使用 ChatGPT 来生成案例的架构或大纲。一旦生成了架构或大纲，你就可以添加具体的数据和细节，以展示你在实践中是如何体现这些价值观的。这样做可以丰富文章内容，清晰地传递价值观，使文章具备更高的可信度、更强的说服力。

5. 体现透明和诚实

在文章中展现你是以透明的方式、诚实的态度来解决问题的，能够凸显你具备优秀的职业操守，进而提升公司的信誉度，特别是当面对挑战、困难或负面情况时，这一做法将彰显公司坦诚面对问题的态度。

要想在文章中更好地体现这种做法和态度，可以让 ChatGPT 帮助你以结构化、更清晰的方式表达。例如，因公司发展需要等原因，公司需要改变和调整服务条款，你负责向用户透露这一意图和做法。此时，你可以使用 ChatGPT 来帮助你详细地解释背后的原因和后续计划，生成一篇完整的解释性文章。你可以先输入多个句子来描述事件的背景信息、你的具体需求和想要达成的目标。例如，在输入了事件的背景信息后，你可以输入："我需要写一篇面向用户的文章，解释公司为什么要更改服务条款，并阐明这对用户会有什么样的影响。请你帮助我以正式、委婉、具有亲和力和说服力的口气进行阐述。"

通过文章传达你或公司的价值观是与目标受众建立深入关系的有效方法。学会运用 ChatGPT 帮助你在文章中清晰地传达价值观，将有助于你在竞争激烈的环境中脱颖而出，赢得目标受众的尊重和信任。

在充满挑战和机会的自媒体领域中，持续努力和适时调整策略至关重要。虽然本章介绍的文章写作方法和建议不一定能保证你"一蹴而就"，但它们提供了一个有用的框架，帮助你更明确、更系统地向销售目标迈进。

在品牌故事构建和高质量文章创建的过程中，ChatGPT 可以作为一个有价值的工具，帮助你更高效地构建高质量内容、激发受众共鸣、与受众建立关系。但请记得，工具始终是辅助你达成目标的手段，真正的成功来自你对个人品牌建设的承诺和持续投入。本章呈现的所有方法和建议都是为了一个目标：让你在自媒体的战场上更加自信、更具影响力。

后 记

首先，衷心感谢你关注和阅读这本书。

最初，是我的弟弟向我推荐了 ChatGPT，于是在第一次体验了这一神奇工具后，我立刻意识到它将在我所从事的销售行业中有巨大潜力。正因如此，这本书得以诞生。

我要特别感谢我的母亲冯子芸，她始终是我前进道路上的坚实后盾。她的爱和支持是我不断前行的动力。对于她无私的奉献和持续的鼓励，我怀有深深的感激。我的弟弟孙晴伟，不仅给了我启发，而且也是撰写本书不可或缺的合作伙伴。他的聪明才智和创造力让本书内容更加丰富、更具深度。同样，我不能不提我的另一位重要的合作伙伴——孙锦辰。她的专业贡献和精神支持让本书内容更加完整有力。此外，我还要特别感谢我的好友王振杰（白羽），他对我的构想和理念给予了充分的肯定和支持，他也是我一生中不可或缺的挚友。

如果《用 ChatGPT 提升销售业绩》已经带给你新的见解和启发，那么我的另一本书《如何找到更多客户：邦尼销售拓客手记》将会是你不可错过的另一本读物。那本书深入探讨了销售拓客的诸多方面，涵盖了从初次见面的策略到在各种社交场合中发掘潜在客户的技巧。通过生动的实战案例，它指导你如何将理论转化为实际操作，有效提升吸引客户的能力。

《如何找到更多客户：邦尼销售拓客手记》致力于解答销售和拓客过程中遇到的具体问题。无论你的目标是扩大客户群体还是提高个人销售技能，这本书都将成为你的实用工具。它不只是提供理论知识，它更像是一个装满实用工具的箱子，帮助你在市场开发中找到成功的钥匙。

此外，我还计划推出更多关于销售和客户关系管理的书籍。接下来，你可以期待我的新作《如何了解客户需求》和《如何切入销售话题》。这些书将深入探讨各个销售环节，帮助你在不同场景下更好地理解和满足客户的需求，拥有强大的销售技能和沟通技巧，并维护持久的客户关系。

我真诚希望这些书籍，包括我即将推出的新作品，能成为你的宝贵资源，陪伴你在销售的道路上不断前进，取得更多的成功。

值得一提的是，截至 2023 年年底，除了 ChatGPT，国内有多种先进的大模型技术，比如科大讯飞的讯飞星火认知大模型、百度的文心一言、百川智能的百川大模型、字节跳动的云雀大模型、阿里云的通用千问、MiniMax 的 ABAB 大模型、商汤科技的日日新大模型、中国科学院自动化研究所的紫东太初大模型和智谱 AI 推出的 ChatGLM3 大模型。这些大模型将在销售领域有广泛应用和潜在价值，我希望你也去了解和使用。

此外，我为你准备了一份特别的学习资料。你可以在我的微信公众号“邦尼在月球”上免费领取一份长达 1.2 万字的实用指南，其标题为“如何进行自我介绍以留下深刻印象的话术模板及使用说明”。这将是你进行销售拜访时极好的备用资源。

如果你在阅读过程中有任何疑问或建议，或者有令人振奋的心得，欢迎你通过本书的共读微信群（通过扫描本书封底的共读群二维码进入）或通过电子邮件与我交流。你的每一份反馈都将是推动我不断前进的最好激励。

最后，衷心感谢你的陪伴和支持，祝愿你在未来的销售生涯中屡创佳绩，取得更多辉煌的成就。

孙慧（邦尼）